Sabine Skala

# DNA
## Die lichtvolle Spirale in uns

## Kosmische Informationen der Galaktischen Föderation

Bitte fordern Sie unser kostenloses Verlagsverzeichnis an:

Smaragd Verlag
In der Steubach 1
**57614 Woldert (Ww.)**
**Tel.: 02684.978808**
**Fax: 02684.978805**
E-Mail: info@smaragd-verlag.de
www.smaragd-verlag.de

Oder besuchen Sie uns im Internet unter der obigen Adresse.

© Smaragd Verlag, 57614 Woldert (Ww.)
Deutsche Erstausgabe Juni 2009
Abbildungen Cover:
© Creative images - Fotolia.com
© Kirsty Pargeter - Fotolia.com
Umschlaggestaltung: preData
Satz: preData
Printed in Czech Republic
**ISBN 978-3-938489-94-9**

Sabine Skala

# DNA
## Die lichtvolle Spirale in uns

## Kosmische Informationen der
## Galaktischen Föderation

**Smaragd Verlag**

# Über die Autorin

Sabine Skala ist Sternengeborene und eines der ersten Indigokinder der 70er Jahre. Als Heilpraktikerin und Heilerin arbeitet sie seit 2003 in ihrer eigenen Praxis für Klassische Homöopathie und Energietherapie in Sauerlach bei München. Ihre Aufgabe als Lichtarbeiterin ist es, den Menschen in ihrem Aufstiegsprozess in die Fünfte Dimension zu helfen und ihnen die Lebensweise der neuen Energie näherzubringen. Sie hat die Fähigkeit, die spirituellen Begabungen eines jeden Einzelnen zu erkennen und ihm diese zu vermitteln. Ihr mediales Potenzial macht es ihr möglich, Kontakt zu höheren Dimensionen und Lichtwesen aufzunehmen und durch sie die Menschen zu heilen. Nach den Durchsagen der atlantischen Priesterschaft der Zwölf hat nun die Galaktische Föderation Kontakt zu ihr hergestellt, um wichtige Informationen für die Menschen durchzugeben.

Kontakt und Informationen unter:
www.heile-deinen-koerper.de
eMail: S.Skala@t-online.de

# Danksagung

Ich möchte mich bei einigen Menschen für ihre Liebe und Unterstützung auf meinem Lebensweg bedanken.

Allen voran danke ich meinen Eltern, die mich seit meiner Ankunft hier auf Erden bedingungslos und mit göttlicher Liebe in meinem ganzen Sein unterstützt haben. Sie haben mir immer den Raum gegeben, den ich gebraucht habe, um mich weiterzuentwickeln und mein göttliches Potenzial zu entfalten und zu leben.

Des Weiteren danke ich von ganzem Herzen meiner Seelenschwester Renate, meiner Sternenschwester Britta und meiner Feenschwester Kati, die mich seit einiger Zeit auf meinem Weg begleiten und unterstützen.

Ganz besonderer Dank geht auch an Mara Ordemann und Gaby Heuchemer vom Smaragd Verlag, die mir ihr Vertrauen geschenkt haben.

Euch allen danke ich von ganzem Herzen und sende euch meine Liebe!

# Inhalt

Vorwort der Galaktischen Föderation ............................ 9

Die DNA.............................................................. 11

- Die äußere DNA-Spirale .................................... 17
- Der DNA-BASIS-KODE .................................... 19

Die kristalline DNA............................................. 21

Die göttliche Drehung in den Zellen ...................... 24

Entsprechungen der DNA

Wofür stehen die einzelnen DNA-Ebenen? ................. 26

- Die körperliche DNA ...................................... 26
- Die energetische DNA ..................................... 28
- Die seelische DNA.......................................... 31

Auswahlkriterien für die Selektierung von

empfangenden Informationen ............................... 34

- Was passiert mit den eingehenden Informationen? 36
- Löschung von Informationen auf der DNA............. 40
- Göttliche Informationen - Verbindung zur

  göttlichen Quelle ......................................... 42

Die Zwölf-Strang-DNA ......................................... 45

Unsere Seelenanteile in der DNA............................ 47

Meisterenergien.................................................. 49

Gespeichertes Wissen in der DNA ......................... 52

Verschiedene Wirkungen und Einflüsse auf die DNA... 54

- Umfeldenergien ............................................ 54
- Das Ego...................................................... 57
- Die Nahrung ................................................ 59
- Die Natur .................................................... 63
- Tiere .......................................................... 68

- Töne und Vokale............................................. 71
- Symbole und Tattoos.................................... 74
- Medikamente und Heilmittel ........................ 78
- Drogen........................................................... 83
- Handys .......................................................... 85
- Bewusste Lebensart und positives Denken............ 88

Multitasking – Effektvolles Arbeiten – Burnout ............ 90

Wirkung zwischenmenschlicher Beziehungen
auf die DNA ................................................................ 93
- Die partnerschaftliche Beziehung........................ 93
- Die Seelenvereinigung ...................................... 95
- Gesellschaftliche, berufliche und
  freundschaftliche Beziehungen ........................... 97
- Familiäre Beziehungen...................................... 99
- Eltern-Kind-Beziehung........................................ 101

Fremdenergien ............................................................ 102

Kinder der Neuen Zeit und ihre DNA........................ 106

ADS/ADHS bei Kindern und ihre DNA ..................... 111

Koma und Amnesie .....................................................117

Auswirkungen der Transformationsenergien der
Erde auf unsere DNA ..................................................119
- Verschiebung der Dimensionen........................ 123

Verschiedene Arten von Blockaden auf und
in der DNA.................................................................... 129

Tipps zur Stärkung und Reinigung der DNA.............. 137
- Öle und ihre Wirksamkeit auf unsere DNA.......... 143

# Vorwort der Galaktischen Föderation

*Liebe Sternenkinder,*

*wir bedanken uns bei euch, dass ihr diesen Weg auf Erden gewählt habt und mit großem Mut den Aufstiegsprozess durchwandert. Durch euer einzigartiges Licht erhellt ihr die noch vorherrschende Dunkelheit und gebt ihm keine Chance, weiter zu existieren. Eure Seelen erstrahlen zu einem neuen göttlichen Glanz in eurem Sein.*

*Wir haben euch diese neuen Informationen eröffnet, um euch die Möglichkeit zu geben, sie zu eurem Wohl und zu eurer Transformation zu nutzen. Wir sind darum bemüht, dass es euch gut geht und euch bestmöglichst in eurem Aufstieg zu unterstützen. Erwacht und lebt euer wahres Sein. Nun ist die Zeit dafür gekommen, wartet nicht auf Wunder, vollbringt sie selbst.*

*Die DNA ist ein wichtiger Bestandteil eures Seins, und wir möchten euch diese wunderbare lichtvolle Spirale in euch näherbringen. Die göttlichen Fähigkeiten, die mit ihr verbunden sind, sollen euch Klarheit darüber schenken, wozu ihr wirklich fähig seid. Wir haben die Begriffe eurer Sprache verwendet, um die Informationen für euch verständlicher zu gestalten. Im göttlichen Ganzen existieren jedoch keine Wörter wie Gut und Böse, Positiv oder Negativ, alles ist eins. Wir haben sie dennoch benutzt, um euch einige Dinge näherzubringen und euch vor den „negativen" Beeinflussungen der Dritten Dimension zu schützen. Ihr seid aufgerufen, euch bewusst mit dem Leben eures Seins auseinanderzusetzen. Eines solltet ihr wissen: Ihr* seid immer beschützt, so lange ihr euch im Licht eures Seins bewegt.

Wir bedanken uns von ganzem Herzen bei unserer Sternenschwester Sabine, die unsere Informationen in Form eines Buches umgesetzt hat, und bei unseren göttlichen Geschwistern des Smaragd Verlags, die diese wichtigen Informationen für alle Menschen zugänglich machten. Danke!

Wir segnen euch im Lichte eures Seins!
Die Galaktische Föderation

# Die DNA

Die DNA unterteilt sich in drei Ebenen beziehungsweise Schichten: die energetische, seelische und körperliche DNA. Die äußerste Schicht ist die körperliche, die mittlere die energetische und die innerste die seelische. Jede Schicht ist mit der Ebene des Menschen in seinem ganzen Sein verbunden. Die körperliche Schicht ist mit dem realen Körper verbunden, die energetische mit dem Geist, den Energiekörpern und der Aura und die seelische mit der Seele, der göttlichen Quelle und dem Universum.

Über die energetische Schicht werden die anderen beiden Schichten momentan noch am meisten beeinflusst und genährt, da die mittlere Schicht mit der inneren und äußeren Kommunikation verbunden ist, der Kommunikation zu anderen Menschen, zu unserer Umwelt, zu unserem Geist und Ego und teilweise zu den Lichtwesen. Alle inneren und äußeren Beeinflussungen und Energien wie Gedanken, Gefühle, Situationen, Menschen, Energien unseres Umfelds lagern sich auf der energetischen Schicht ab. Je nachdem, wie unsere Erlebnisse oder eingehenden Informationen sind, können sie auf die anderen DNA-Schichten übergehen. Erst kann die körperliche DNA angegriffen werden, und wenn die Beeinflussung zu groß wird, dann geht sie auf die innerste Schicht, die seelische, über. Es kann aber auch zuerst die seelische DNA verletzt werden und geht dann auf die körperliche DNA über. Diese seelischen Verletzungen sind am schwerwiegendsten. Sie sind am schwierigsten zu heilen und aufzulösen, da sie am tiefsten liegen. Erst wenn der Weg von den anderen Ebenen zur seelischen Ebene frei ist, können dort die Seelenverletzungen angeschaut und geheilt werden. Das heißt, vorher müssen erst die äußeren Blockaden aufgelöst werden, um an den Kern der Ursache zu gelangen.

Körperliche Beschwerden, Verletzungen und Krankheiten kommen durch die inneren Verletzungen auf der seelischen und energetischen Ebene zustande. Wenn ein kleiner Unfall geschieht, dann nur deswegen, weil er aus diesen seelischen und energetischen Verletzungen hervorgegangen ist. Krankheiten und Beschwerden weisen uns auf alte Programme, Verhalten und Verletzungen hin, damit wir sie endlich in Licht und in Liebe transformieren können. Sie sind ein nützlicher Wegweiser auf unserem Aufstiegsweg. Erkennen wir unsere alten Strukturen und Glaubensmuster und lösen sie auf, begeben wir uns automatisch auf unseren Heilungsweg. So können wir langsam, Schritt für Schritt, in die tiefsten und schwerwiegendsten Verletzungen in der seelischen DNA vordringen, um sie zu heilen. Dazu müssen wir erst die Blockaden in der körperlichen und energetischen DNA auflösen.

Die energetische DNA entspricht unserer momentan gelebten Seelenenergie, von dort aus gehen alle negativen Gedankenmuster und alten Verhaltensweisen aus, auch wenn vielleicht der tiefste Ursprung dafür in der seelischen DNA liegt. Jedoch das Verhalten und die Programme, die zu dieser oder jener Beschwerde geführt haben, sind auf der energetischen DNA gespeichert. Auf der seelischen Ebene sind die eigentlichen Erfahrungen gespeichert, die uns dann zu bestimmten Verhaltensweisen veranlassen. Die seelische DNA ist die Ursprungsseelenenergie, sie ist am Anfang unseres Lebens unberührt und wird von uns momentan nur teilweise gelebt. Würden wir das ganze Potenzial unserer ursprünglichen Seelen-DNA leben, wären unsere Zwölf DNA-Stränge beziehungsweise Ebenen wieder aktiviert. Ungeahnte Fähigkeiten würden zum Vorschein kommen, für die wir jetzt nicht bereit wären.

Momentan leben wir eine DNA mit drei Ebenen und entwickeln uns zu einer DNA mit fünf Ebenen hin. Nur sehr schwerwiegende Erlebnisse können in die seelische DNA eindringen. Die seelische DNA hat einen Schutzfilm, so werden erst Erlebnisse auf der seelischen DNA abgelagert, damit diese nicht sofort in den Seelenkern eindringen können, um ihn zu verletzen. Das Unterbewusstsein versucht zuerst, diese Verletzungen in den anderen DNA-Schichten zu kompensieren. Nur Schockerlebnisse oder langjähriger Missbrauch beziehungsweise Misshandlungen können sich in die seelische DNA regelrecht hineinbohren. Der Schutz kann nicht mehr aufrecht gehalten werden, die anderen DNA-Schichten können diese inneren Verletzungen nicht mehr kompensieren, da sie zu groß geworden sind.

Dieser Schutz vor Verletzungen fehlt der körperlichen DNA gänzlich. Eine Zeit lang versuchen die energetische DNA und das Unterbewusstsein, die vorkommenden Blockaden, Verletzungen und niedrig schwingenden Informationen aufzulösen, gelingt ihnen das nicht mehr, bricht die Verletzung ohne Schutz in die körperliche DNA ein. Sie hat zwar eine Kompensierungsschicht, die aber nicht als Schutzschicht anzusehen ist. Diese Kompensierungs-schicht gilt nur für Informationen, wie zum Beispiel von Medikamenten, Heilmitteln, Nahrung. Viele Informationen, die von außen an uns herangetragen werden, lagern sich auf der energetischen DNA ab und werden nach einer Se-lektierung gelöscht oder gespeichert. Das Unterbewusst-sein entscheidet, ob diese Informationen für uns wichtig oder unwichtig sind. Das kann zu sehr hohem Energieauf-wand führen, wenn wir zu viele Informationen empfangen. Alleine durchs Fernsehen werden so viele Informationen geliefert, dass sie sich überlagern, einfach zu viel werden und eventuell den Energiefluss in der energetischen DNA blockieren, ja, regelrecht verstopfen können.

Die DNA ist eine sehr sensible Energie. Auch wenn wir sie nicht wirklich spüren oder sehen, nimmt sie alle Ener-gien und Informationen von innen und außen auf. Unsere Zellen werden, genau wie bei der Kodierung des Wassers, mit der Information geladen, die uns umgibt, sei es Musik, Fernsehen, Radio, zwischenmenschliche Beziehungen, Massenbewusstsein, Veranstaltungen, Erdenergien usw. Besteht diese „Umfelds"-Energie länger als fünf Minuten, nehmen unsere Zellen diese Energien und die dazugehö-rigen Informationen auf und passen sich nach und nach, wenn sie von unserem Unterbewusstsein nicht rechtzeitig gelöscht werden, dieser Schwingung an. Viele Zellen dre-hen sich dann nicht mehr in ihre optimale Richtung. Be-wegen wir uns immer in niedrig schwingenden Bereichen, passt sich unsere DNA langsam dieser an.

Die seelische DNA ist mit unserer Seele, unserem Höheren Selbst, der göttlichen Quelle, dem Universum und anderen lebenden Systemen verbunden, mit denen wir auch darüber kommunizieren können. Die Kommunikation zu Lichtwesen findet gleichzeitig über die energetische und die seelische DNA statt. In der seelischen DNA sind auch unsere Erlebnisse aus früheren Leben abgespeichert. Die Einzigartigkeit der seelischen DNA ist die Verbindung mit der Grenzenlosigkeit der Fünften Dimension, dem großen Ganzen, der göttlichen Quelle und der absoluten Freiheit. Über sie erfahren wir die Transformierung in die neue Ebene der Fünften Dimension. Die Transformation findet durch eine Neukodierung unserer DNA-Zellen und eine Integration der Kristallenergie statt.

Die Kristallenergie ist eine glitzernde, göttliche Energie der Fünften Dimension, die in die DNA eingelassen beziehungsweise integriert wird. Nach und nach bildet sich ein Kristallgitternetz in uns, das die alte energetische Struktur in uns ablöst. Die Neukodierung wird je nach Lebensaufgabe individuell vorgenommen. Diese Neukodierung hat nichts mit unserem BASIS-DNA-KODE zu tun. Die Zusammensetzung des neuen Kodes der Zelle besteht aus Kristallenergieelementen, Energien der Fünften Dimension (wie zum Beispiel die Christusenergie, der Heilige Gral, Meisterenergien) und die göttliche Drehung des Urspungskörpers. Diese spezielle Zusammensetzung wird von den Lichtgenetikern der Galaktischen Föderation oder anderen Lichtwesen, die darauf spezialisiert sind, vorgenommen. Meistens geschehen diese Neukodierungen während des Schlafs. Die Neukodierung hat mit der Verbindung zur göttlichen Quelle, zu unserem Höheren Selbst, anderen Lichtwesen, anderen Sternensystemen und Lebensweisen zu tun. Die einzelnen DNA-Schichten werden von innen heraus auf die göttliche Schwingung der Kristallenergie gebracht. Voraussetzung dafür ist die regelmäßige vorhergehende Auflösung der Blockaden auf der körperlichen, energetischen und seelischen DNA. Altes wird losgelassen, um Platz für Neues, für neue Energien zu schaffen. Leben wir bewusst, reinigen und energetisieren wir regelmäßig unsere DNA, können wir aus unserem göttlichen Potenzial schöpfen und unsere Einzigartigkeit leben.

# Die äußere DNA-Spirale

Die zwei DNA-Stränge, die sich von ihrem Aussehen und ihrer Zusammensetzung nicht unterscheiden, sind für hellsichtige Menschen auch als Spirale um den Körper zu erkennen. Sie umhüllen den Menschen. Die Spiralen sind lebensgroß und verbinden sich nach oben mit der göttlichen Quelle und nach unten mit der Erde beziehungsweise dem Christusnetz. Sie drehen sich langsam in Vertrauen und Liebe. Es ist eine exakte Kopie unserer inneren DNA.

Diese Spiralen werden von einer Art ovalen Energieform umhüllt, der sogenannten DNA-Aura. Die Farben der DNA-Aura können sich je nach Lebensphase, Aufstiegsebene oder Heilungsprozess verändern. Bei diesen großen DNA-Strängen kann man genau erkennen, wo sich noch Blockaden, Narben, Einkerbungen, Verletzungen und Fremdenergien befinden. Für einen Heiler ist diese Art zu sehen einfacher und erleichtert eine eventuelle Behandlung.

Bei der inneren DNA sind nur Ausschnitte zu erkennen. In der äußeren DNA sind die Gesamtheit und das Zusammenspiel der einzelnen Schichten untereinander deutlich sichtbar. Auch die Seelenfarben, die einzelnen Seelenanteile, Meisterenergien, Potenziale und Fähigkeiten sind leichter zu erkennen.

Die äußere DNA steht in engerer Verbindung mit unserer Ausstrahlung, unserer Aura und dem Leben mit unseren Mitmenschen und unserer Umwelt als die innere DNA-Spi-

rale. Deswegen können wir dort noch mehr Zusammen-
hänge mit unserem Außen erkennen und erfahren, welche
uns auf unserem Aufstiegsprozess weiterhelfen.

# Der DNA-BASIS-KODE

Jeder Mensch hat einen DNA-BASIS-KODE. Dieser besteht nur aus Zahlen. Die Zahlen geben Auskunft über die wahre Herkunft jedes einzelnen Lebewesens. Bei den Menschen ist die Länge des Basiskodes um ein vielfaches länger als bei Tieren oder den Elementarwesen. Zudem lassen die Schwingung und die Kombination der einzelnen Zahlen erkennen, ob jemand inkarnierter atlantischer Priester, Aufgestiegener Meister, Sternenmensch oder Ähnliches ist. Einzelne Zahlen und Kombinationen in unserem DNA-BASIS-KODE stehen für bestimmte Fähigkeiten und Potenziale.

Elfen, Feen und Zwerge, also die Elementarwesen, die zur Zeit auf unserer Ebene der Erde arbeiten und leben, haben nur eine zweistellige Zahl, auf die sich mehrere Ketten einer wunderschönen Mannigfaltigkeit aufbauen. Der Basiskode besteht lediglich aus zwei Zahlen, da sie in ihrem Leben nur einer bestimmten Lebensaufgabe nachkommen müssen, ohne innere Blockaden oder Programme aufzulösen. Sie widmen sich ausschließlich einer Aufgabe, zum Beispiel kümmern sie sich darum, dass die Rosen immer gut versorgt sind, gut gedeihen und blühen. Haben sie diese Aufgabe ihr Leben lang erfüllt, gelangen sie in ihrem nächsten Leben in eine höhere Daseinsstufe. Bei den Tieren ist das ähnlich, sie haben jedoch einen vierstelligen Kode.

Der Basiskode des Menschen reicht von einer sechsstelligen bis zu einer zwölfstelligen Zahlenreihe, je nachdem, woher wir wirklich kommen, was für eine Lebensaufgabe wir haben und auf welcher Entwicklungsstufe unserer Seele wir uns befinden. Aus diesen Zahlenreihen gehen mehrere Zahlenketten hervor, die sich je nach Lebensaufgabe und Lebensweg individuell in früheren und im jetzigen Leben weiter ausgebildet haben. Diese Zahlen erstrahlen in göttlichen Farben. An den Enden dieser Zahlenketten schließen sich dunkle Zahlen an. Diese haben wir im Laufe unseres Lebens von außen angenommen. Sie bestehen aus Energien des Massenbewusstseins, Fremdenergien, Energien unserer Gesellschaftsform, alten Glaubensmuster unserer Familien, alten Familienstrukturen, alten Verhaltensweisen sowie Programmen, Erlebnissen usw.

Wir können uns vorstellen, wie endlos diese dunklen Zahlenketten sein können. Die farbigen Zahlenketten und der Basiskode sind nun fast nicht mehr zu sehen. Durch stetige Transformationsarbeit können wir unsere DNA so weit reinigen, dass wir wieder Zugang zu unserem ursprünglichen DNA-BASIS-KODE und seinen farbigen Zahlenketten erlangen. Dann sind wir an der wahren Essenz unseres Lebens angelangt und können aus unserem vollen Potenzial schöpfen und es stetig erweitern.

# Die kristalline DNA

Die Kristallenergie ist eine glitzernde göttliche Energie, die in die DNA eingelassen beziehungsweise integriert wird. Die Neukodierung wird je nach Lebensaufgabe individuell vorgenommen. Der neue Kode besteht aus einer individuellen Zusammensetzung der DNA und der göttliche Drehung des Ursprungsseelenkörpers in der Zelle.

Die seelische und teilweise die energetische DNA bestehen aus verschiedenen Kristallenergieelementen, einer neuen Anbindung an die göttliche Quelle und den Energien der Fünften Dimension (zum Beispiel Christusenergie, der Heilige Gral, Maria Magdalena-Energien, Venusenergien usw.). Diese spezielle Zusammensetzung in den einzelnen Ebenen wird von den Lichtgenetikern der Galaktischen Föderation oder anderen Lichtwesen, die darauf spezialisiert sind, vorgenommen. Meistens geschehen diese Neukodierungen während des Schlafs. Die Neukodierungen haben auch mit der Verbindung zur göttlichen Quelle, zu unserem Höheren Selbst, anderen Lichtwesen, anderen Sternensystemen und Lebensweisen zu tun. Die einzelnen DNA Schichten werden von innen heraus auf die göttliche Schwingung der Kristallenergie gebracht.

Die kristalline DNA der Fünften Dimension unterscheidet sich auch in ihren Ebenen von den jetzigen, sie sind verschieden groß ausgebildet. Die seelische DNA wird am breitesten, dann folgt die energetische DNA, und dann kommt eine kleine Schicht der körperlichen DNA. Da die körperliche DNA ihre Aufgabe verliert, uns auf Blockaden hinzuweisen, und unser Körper die kristallinen Strukturen annimmt, wird die körperliche DNA-Schicht dünner und transformiert zur Lichtkörperebene. Die energetische und seelische DNA werden so stark, dass sie sich in jeweils zwei Ebenen aufteilen. Somit erhalten wir eine DNA mit fünf Ebenen. Die Farben der einzelnen Ebenen sind individuell, je nachdem, welche Fähigkeiten die Seele besitzt und welche Lebensaufgabe sie hat. Die Farben sind mit der Kristallenergie durchzogen und glitzern dementsprechend. Auch können die DNA-Ebenen in ihrer Form und Größe unterschiedlich aussehen. Es werden Farben und Formen auf uns zukommen, die wir uns jetzt noch nicht vorstellen können.

Die kristalline Struktur, die in uns und unserer DNA verankert wird, heißt Kristallgitternetz oder Christusnetz. Die Energiebahnen in unserem Körper werden neu angeordnet, damit sich der Körper und unsere Energie optimal an die Kristallenergie anschließen können. Die kristalline DNA ist sehr hoch schwingend und beeinflusst unser ganzes Sein. Wir werden empfindsamer und sensitiver, wir spüren Energien, die wir vorher nicht wahrgenommen haben, wir merken, wenn uns etwas nicht guttut. Zwischenmenschliche Energien werden deutlich spürbarer. Auch die energetischen Energien der Natur, der Lichtwesen und anderer Ebenen, die wir in der Dritten Dimension noch nicht wahrnehmen konnten, sind für uns nun erkennbar. Das wird uns dazu veranlassen, nur Informationen zu empfangen, die uns guttun. Auch werden wir uns überlegen, mit welchen Dingen wir uns beschäftigen wollen. Die kristalline DNA gibt uns die Möglichkeit, unser Sein und unsere Fähigkeiten vollkommen zu entfalten und zu leben. Wir werden Fähigkeiten erlangen, die wir nicht für möglich gehalten hätten.

Bis sich unsere DNA ganz in die kristalline Form transformiert hat, müssen wir jedoch noch einige Prozesse durchlaufen, damit wir sie von allen Blockaden und Verletzungen befreien können. Während unserer Transformation wird in regelmäßigen Abständen in unseren Körper und unsere DNA kristalline Energie eingelassen. Auf diese Weise gewöhnen wir uns an die neue Energie und passen uns langsam ihrer Schwingung an. Dieses kann zu einigen Symptomen führen, wie zum Beispiel Schwindel, Kopfschmerzen, Müdigkeit, Rückenschmerzen, Muskelverkrampfungen, Stimmungsschwankungen, die aber nicht von langer Dauer sind. Überwiegt die kristalline Energie in uns, wird das Leben leichter, und wir werden wahre Wunder erleben, wenn wir unsere spirituellen Hausaufgaben erledigt haben.

# Die göttliche Drehung in den Zellen

Die göttliche Drehung erfolgt erst dann, wenn die Zellen auf der Ebene der Fünften Dimension schwingen. Momentan schwingen einige Zellen in der verdichteten Energie der Dritten Dimension. Jede Dimension hat eine für sie angemessene und optimale Drehung und Schwingung. Die göttliche Drehung basiert auf der Schwingung der göttlichen Liebe.

Zurzeit leben wir noch teilweise in der Dritten Dimension, in der das Einteilen und Bewerten von Gut und Böse, Hell und Dunkel noch vorherrscht. Deswegen wurden auch die Drehungen unterteilt, in linksdrehende und rechtsdrehende Energien. Die linksdrehende Energie löst Blockaden auf, entzieht Energie, ist energieschwächend und negativ, die rechtsdrehende energetisiert, wirkt stärkend und ist positiv.

In der Fünften Dimension gibt es diese Unterteilung oder, besser gesagt, den Vergleich Gut – Böse nicht mehr. Es kann sein, dass ein Mensch in der Fünften Dimension mehr linksdrehende als rechtsdrehende Zellen hat, da die Energie seines Ursprungskörpers mehr linksdrehend ist. Das hat nichts zu bedeuten, denn linksherum ist genauso gut wie rechtsherum.

In der Fünften Dimension gibt es eine neue Dimensionalität, das heißt, die Zellen könnten sich auch in einer von uns nicht bekannten Richtung oder Dimension drehen. Werden die Zellen mit göttlicher Liebe gefüllt und auf die Fünfte Dimension geschwungen, werden die Zellen automatisch in ihre Ursprungsdrehung, in die göttliche Drehung, gebracht, egal, wie diese Drehung aussieht.

# Entsprechungen der DNA
# Wofür stehen die einzelnen
# DNA-Ebenen?

Jede DNA Ebene ist mit bestimmten Bereichen im Innen und im Außen verbunden und steht für bestimmte Entsprechungen.

## Die körperliche DNA

### Die Aufgaben der körperlichen DNA-Ebene
- Darstellung von Blockaden in Form von körperlichen Beschwerden und Krankheiten.
- Aufnahme und Entfaltung der Wirkung von Stoffen wie Medikamente und Heilmittel.
- Kompensation von Stoffen und Informationen.

### Die körperliche DNA-Ebene steht für
- Gesundheit, Fitness
- Bewegung, Fortbewegung
- in Handlung gehen
- Kommunikation nach außen über die Haut, wie zum Beispiel zwischenmenschliche Beziehungen und Begegnungen, Streicheln von Tieren.

Die körperliche DNA-Ebene steht in Verbindung mit
- unseren fünf Sinnen: schmecken, hören, fühlen, riechen, sehen.

- unserem Schmerzkörper, wie zum Beispiel Krankheiten, Beschwerden.
- der energetischen DNA.
- den Transformationsenergien der Erde und dem Universum.

Körperliche Beschwerden geben uns Hinweise auf unsere inneren Blockaden, innere Wunden, Verletzungen und weisen uns auf alte Verhaltensmuster und Programme hin. Durch körperliche Beschwerden können wir an uns selbst arbeiten und uns transformieren. Ist unser Körper zum Lichtkörper transformiert, entfällt die Aufgabe, Blockaden in körperlicher Form darzustellen.

# Die energetische DNA

## Die Aufgaben der energetischen DNA-Ebene

- Aufnahme und Verarbeitung von Informationen.
- Wahrnehmung von Energien und Gefühlen im Innen wie im Außen.
- Aufbau von energetischen Beziehungen in der Natur, zu Menschen, zu Tieren.
- Energetische und emotionale Kommunikation nach außen und innen.
- Zusammenarbeit mit der körperlichen und energetischen DNA-Ebene.
- Zufuhr von Energien für unser Leben - Lebensenergie.
- Inneres Gleichgewicht.

## Die energetische DNA-Ebene steht für

- Verstehen
- Geist
- logisches Denken
- Fühlen
- positives oder negatives Denken
- Kreativität
- individuelle Fähigkeiten und Talente
- spirituelle Fähigkeiten
- die momentane Transformationsebene
- unsere Lebensenergie, unseren energetischen Körper
- Manifestation
- Intuition, Bauchgefühl

- Kommunikation nach außen
- Kommunikation mit uns selbst
- das eigene Verhalten
- unseren Willen, Entschlusskraft und Entscheidungen
- die Verbindung mit unserem Ego
- das Empfangen von Informationen von außen
- das Empfangen und Wahrnehmen energetischer Informationen
- bewusste Weiterentwicklung
- bewusstes Leben
- Bewusstsein und Unterbewusstsein

**Die energetische DNA steht in Verbindung mit**
- dem EGO
- der Außenwelt
- uns Selbst, unserer Seele
- Bewusstsein und Unterbewusstsein
- unserem inneren Christusnetz
- unserer Blaupause
- unserem Kristallstern (= seelisch-energetischer Fingerabdruck in unserer Aura)
- unseren Chakren
- unseren energetischen Körpern und unserer Aura
- unserer Lebensenergie
- der körperlichen und seelischen DNA
- teilweise den Engeln und Elementarwesen, je nachdem, wie weit der Mensch in seiner Frequenz in der energetischen DNA angestiegen ist

- den Transformationsenergien der Erde und dem Universum.

Die energetische DNA-Ebene ist die einzige Ebene, die zu allen anderen DNA-Ebenen eine direkte Verbindung hat. Sie steht auch in Kontakt zur Außen- und Innenwelt und teilweise zu anderen Dimensionen. Sie ist multifunktional und hat die größte Aufgabe von allen drei DNA-Ebenen.

# Die seelische DNA

## Die Aufgaben der seelischen DNA-Ebene sind

- Verbindung zur göttlichen Quelle herstellen
- göttliche Informationen empfangen
- Heilung und Transformation
- Weiterentwicklung unserer Spiritualität
- Unser wahres Sein leben
- Erfüllung unserer Lebensaufgabe
- Verwirklichung unseres Lebensplans
- Entfaltung unseres Potenzials und unserer Fähigkeiten
- Herzöffnung und Transformation zum diamantgrünen Herzkristall
- Kontaktaufnahme zu anderen Dimensionen, Welten und Lichtwesen
- uns mit der Grenzenlosigkeit des Universums zu verbinden
- miteinander in Licht und Liebe zu leben
- seelische Verabredungen mit anderen Menschen, die unserer Transformation weiterhelfen, einzuhalten.

## Die seelische DNA steht für

- göttliche Kreativität
- Empfangen göttlicher Informationen
- Wahrnehmung höher schwingender Energien
- Urvertrauen
- unser SEIN
- unsere Seelenenergie
- Grenzenlosigkeit im SEIN

- Individualität eines jeden Menschen, einer jeden DNA
- Toleranz
- Annehmen
- Mitgefühl
- miteinander leben in Licht und Liebe
- absolute Transformation
- unsere Spiritualität
- göttliche Freiheit
- göttliche, bedingungslose Liebe.

**Die seelische DNA steht in Verbindung mit/zu**
- unseren Seelenanteilen
- unseren Meisterenergien, Lichtwesenenergien, Sternenenergien
- unserem gespeicherten Wissen
- unserem DNA-BASIS-KODE
- der energetischen DNA
- unserer Seele
- unseren energetischen Körpern und Auren
- unserem Christusnetz
- unserer Blaupause
- unserem Kristallstern
- unseren Chakren
- der göttlichen Quelle
- unserem Höheren Selbst
- unserem Lebensplan
- der göttlichen Führung
- anderen Ebenen
- den Engeln, Meistern und Lichtwesen

- dem Universum, anderen Sternensystemen und Dimensionen
- unserer wahren Herkunft
- unseren Leben in den Parallelwelten
- den Transformationsenergien der Erde.

Bei jedem Menschen sind die Eigenschaften verschieden stark ausgeprägt, je nachdem, auf welcher Transformationsebene er sich gerade befindet und welchen Lebensplan er verfolgt. Die seelische DNA gibt der energetischen DNA die Impulse, die sie braucht, um in uns die Weiterentwicklung zu unterstützen.

Die verschiedenen Beeinflussungen, wie zum Beispiel Handys, Medikamente, Umfeldenergien oder unser EGO, machen sich in den einzelnen DNA-Ebenen auf ihre Art und Weise bemerkbar. Wird die DNA in ihrem Sein und in ihrer Energie gestört, können die Aufgaben der jeweiligen DNA-Ebenen nicht mehr korrekt ausgeführt werden. Auch die Bereiche, die für die einzelnen DNA-Ebenen stehen, werden davon beeinflusst.

# Auswahlkriterien für die Selektierung der empfangenden Informationen

Die Informationen, die das Unterbewusstsein für uns als wichtig empfindet, werden in der energetischen DNA gespeichert. Nach bestimmten Kriterien wird entschieden, welche Informationen wichtig sind oder nicht. Alle Daten, die auf der energetischen DNA gespeichert werden, beeinflussen unser Sein. Hat das Unterbewusstsein nicht genug Zeit, die eingehenden Daten zu selektieren, werden alle Daten gespeichert, auch die für uns unwichtigen.

Das Unterbewusstsein teilt die Wichtigkeit der Informationen nach folgenden Kriterien ein:

- Informationen, die wir für die Erfüllung unserer Lebensaufgabe benötigen.
- Informationen, die wir für spezielle Lernerfahrungen brauchen.
- Informationen für allgemeines und spezifisches Wissen.
- Allgemeine Informationen für unseren Tagesablauf (Beruf und Alltag).
- Zwischenmenschliche und energetische Informationen.
- Informationen, die uns an frühere Erlebnisse und Erfahrungen erinnern, soweit wir diese noch nicht verarbeitet haben.

- Informationen, die wir brauchen, um unsere noch vorhandenen Blockaden aufzulösen.
- Informationen, die uns bei der Transformation in die Fünfte Dimension weiterhelfen.
- Göttliche Informationen.

Jedoch ist die Gewichtung der Informationen bei jedem Menschen verschieden, je nachdem, welche Lebensaufgabe er zu erfüllen hat.

# Was passiert mit den eingehenden Informationen?

Alle Informationen werden von unserem Unterbewussten erst einmal aufgenommen. Sie werden selektiert und analysiert, ob die Daten wichtig oder unwichtig für uns sind. Sind sie für uns von Nutzen, werden sie in unserer energetischen DNA abgespeichert. Dieser natürliche Vorgang funktioniert optimal, wenn die Informationen in einer für uns erträglichen Geschwindigkeit an uns herangetragen werden. Ist dieses nicht der Fall, werden die neuen Daten auf der energetischen DNA erst einmal abgelegt, um sie dann später zu analysieren.

Bei zu großer Informationsflut kommt das Unterbewusstsein mit der Selektierung nicht mehr nach, und die Informationen werden nachts verarbeitet, was zusätzliche Energie verbraucht. Bleibt auch nachts nicht genug Zeit, die Informationen zu verarbeiten, werden sie auf der DNA automatisch abgespeichert. Dieses kann zur Auswirkung haben, dass die nicht selektierten Daten als illusionorische Realität in unser Leben übertragen werden.

Um ein Beispiel zu nennen:

Wenn wir zu viele Dokumentationen über Schulden und Geldmangel im Fernsehen ansehen, kann es sein, dass die nicht verarbeiteten Daten in uns abgespeichert und als real empfunden werden. Wir denken und fühlen ähnlich wie die Menschen in der Dokumentation. Der Grund dafür ist die Verbindung zwischen der energetische DNA und unserem EGO. Diese energetische Leitung funktioniert in beide Richtungen. Das Ego ist so schlau und raffiniert, dass es sogar in der DNA-Ebene einen Weg findet, um sich zu nähren, zu stärken und als wahr angesehen zu werden.

Die Zeit der Selektierung und Löschung von Informationen ist bei jedem Menschen individuell. Rationelle Menschen haben es mit der Selektierung der Daten einfacher, übersehen aber manchmal Informationen, die für ihren Lebensweg wichtig gewesen wären. Werden diese wichtigen Informationen über einen längeren Zeitraum nicht wahrgenommen und abgespeichert, kann es sein, dass dieser Mensch etwas in seinem Leben erfährt, was ihn aufhorchen lässt, um diese wichtigen Daten endlich wahrzunehmen und sie zu verarbeiten. Dieses rationelle Verhalten kommt zustande, wenn keine Verbindung vom Herzen zur göttlichen Quelle besteht. Meistens werden diese Menschen von ihrem Ego getrieben und geleitet. Da wir uns aber im Aufstieg in die Fünfte Dimension befinden und das Ziel ist, in Liebe und aus dem Herzen heraus zu leben, werden diese rationellen Menschen, die keine Verbindung von ihrem Herzen zur göttlichen Quelle haben, aufgeweckt. Aufwecken heißt, bewusst im Hier und Jetzt und in Liebe leben.

Bei den sensiblen, sensitiven und spirituellen Menschen verfährt das Unterbewusstsein mit der Selektierung und Löschung im genauen Gegenteil. Informationen, die nicht wichtig für sie sind, werden als persönlich empfunden und als wichtig abgespeichert. Sie nehmen sich zu viel zu Herzen, leben zu viel im Mitleid zu anderen, geben sich auf, um anderen zu helfen, und fühlen sich bei allem persönlich angesprochen. Sie werden immer wieder mit denselben Situationen konfrontiert, die sie schlechter, minderwertiger oder schuldiger fühlen lassen. Sie sollten sich mehr auf ihr wahres Sein konzentrieren, ihren Selbstwert aufbauen, ihre Macht zurückholen und nicht alles so persönlich nehmen.

Viele spirituelle Menschen leben in dem Bewusstsein, dass alle Erlebnisse und Informationen in ihrem Leben Zeichen für ihre Weiterentwicklung sind. Oft speichern sie Informationen, die gar nicht für sie bestimmt sind. Sie werden wahrlich von „wichtigen" Informationen überschwemmt, dadurch kann auch ein Stau in der energetischen DNA zustande kommen. Blockaden tauchen plötzlich haufenweise in unserem Leben auf, die wir vorher nicht gesehen haben. In Wirklichkeit waren sie nicht für uns bestimmt, aber wir haben das Leid der anderen aus Liebe auf uns genommen, um es dann zu transformieren. Zudem haben wir diesen „wichtigen" Informationen zu viel Aufmerksamkeit geschenkt, haben uns dieser Energie hingegeben und uns von unserem Ego in die Irre führen lassen.

Der Weg des Aufstiegs ist einfacher, als wir denken. Diese ganzen Emotionen und alten Verhaltensmuster, ob spiritueller oder rationeller Natur, haben immer etwas mit unserem Ego zu tun. Aber unser Leben ist ja dazu da, dass wir an ihm lernen. Um eine optimale Selektierung der eingegangen Informationen zu gewährleisten, sollten wir regelmäßige Ruhephasen in unseren Tagesablauf einbauen. Absolute Stille, ohne nachzudenken, wäre das Beste.

Aber am liebsten haben es das Unterbewusstsein und das Bewusstsein, wenn wir vollkommen im Hier und Jetzt leben. Sich nicht in die abwärts drehenden Gedankenspiralen verwickeln zu lassen, einhundert Prozent Aufmerksamkeit auf das Jetzt zu richten, den jeweiligen Moment des Lebens anzunehmen, ohne sich dagegen zu wehren. Das wäre die perfekte Einstellung, um unser Unterbewusstsein und unsere DNA vor zu viel Stress, Verwirrung und einem Burnout zu bewahren.

# Löschung von Informationen auf der DNA

Die bereits gespeicherten Informationen auf der energetischen DNA zu löschen, ist ein langwieriger Prozess. Sind es wichtige Informationen für unsere Transformation, werden die Daten erst dann gelöscht, wenn wir sie für unsere Weiterentwicklung umgesetzt oder verwendet haben. Reine Wissensdaten, die für uns von großer Bedeutung sind, werden nicht gelöscht. Sie werden in der energetischen DNA-Ebene fest abgespeichert und teilweise in die seelische DNA-Abteilung „Gespeichertes Wissen" verschoben.

Bei nebensächlichen Wissensdaten funktionieren die Selektierung und die Löschung relativ schnell. Unnötige Informationen, die wir automatisch empfangen, zum Beispiel über das Fernsehen, werden schnell gelöscht. Voraussetzung dafür sind eingehaltene Ruhephasen. Bleibt nicht genug Zeit, sie auszusortieren und zu löschen, werden sie automatisch so lange gespeichert, bis das Unterbewusstsein verstanden hat, dass diese eigentlich nicht mehr gebraucht werden.

Bei emotionalen Daten kann ein langwieriger Löschungsprozess entstehen, da bereits gespeicherte „Emotionsdaten" als real eingestuft werden. Der Grund dafür ist die gegenseitige Verbindung der energetischen DNA zu unserem Ego. Das Ego freut sich über Emotionsdaten, wird es doch dadurch gestärkt und in seinem Sein unterstützt. Oft können wir nicht unterscheiden: Sind es wirklich meine Gefühle oder von außen eingegangene fremde

Emotionen. Diese schwierige Selektierung erfordert eine längere Zeit, da wir verstehen müssen, dass nicht alle Gefühle, die wir empfinden, unsere eigenen sind. Sind wir zu dieser Erkenntnis gelangt, können eingehende Emotionsdaten in Zukunft sofort gelöscht werden.

# Göttliche Informationen –
## Verbindung zur göttlichen Quelle

Die göttlichen Informationen werden über die seelische DNA in unseren Seelenkörper gebracht. Die seelische DNA ist die intensivste Verbindung, über die wir göttliche Eingebungen erhalten. Auch über unser Kronenchakra und unser göttliches Herzzentrum erhalten wir Informationen, jedoch besteht ein ständiger Austausch zwischen der göttlichen Quelle und der seelischen DNA. Wir werden wahrlich von göttlicher Liebe gespeist, sofern wir das zulassen.

Optimal ist diese Verbindung, wenn wir unsere seelische DNA so gut wie möglich gereinigt und energetisiert haben. Verletzungen und Erlebnisse aus früheren und aus dem jetzigen Leben, die wir noch nicht verarbeitet haben, sind auf dieser DNA gespeichert. Je mehr wir unsere Vergangenheit loslassen und alte Verhaltensprogramme auflösen, umso stärker ist unsere Anbindung an Gott, umso mehr können wir unser göttliches Potenzial leben. Je öfter wir uns mit der göttlichen Liebe verbinden, umso intensiver und leuchtender wird die Energie der seelischen DNA. Unsere reine Lebensenergie und Kraft hängen von der Verbindung zu „Oben" ab. Unterbrechen wir diese Anbindung, mutieren wir zu leeren, leblosen Hüllen, die nur noch „funktionieren"! Leider gibt es heute zu viele Menschen, die sich selbst von dieser Verbindung abgeschnitten haben.

Aber auch Einwirkungen von außen können unsere Verbindung zur göttlichen Quelle verschleiern, vermindern oder sogar trennen. Diese Einflüsse können Fernsehen, Medien, Medikamente, Drogen, Tattoos, zwischenmenschliche Beziehungen, alte Gesellschafts- und Erziehungsformen, starre Denkmuster und Verhaltensweisen sein. Auch das Massenbewusstsein und bestimmte Menschengruppen in Konzernen, Firmen, Veranstaltungen, Vereinen und Schulen können die göttliche Verbindung beeinflussen.

Im Netz des Massenbewusstseins werden wir von Gefühlen, Ängsten und Emotionen anderer automatisch gespeist. Lösen wir uns nicht von diesem System, werden wir keine reine Anbindung an die göttliche Quelle erfahren. Göttliche Informationen empfangen wir ständig, es kommt nur darauf an, ob wir sie zulassen oder nicht. Werden sie nicht zugelassen, bildet sich ein Stau in der göttlichen Verbindung, im göttlichen Kanal. Oft werden mehrmals hintereinander die gleichen Informationen gesendet, da die alten von uns noch nicht empfangen beziehungsweise abgeholt wurden. Hören wir nicht auf diese gottgegebenen Zeichen und Eingebungen, erhalten wir stärkere Informationen in Form von Erlebnissen.

Für viele sind diese Energieströme neuartig, unbekannt, unheimlich und nicht einschätzbar, und sie haben Angst davor, durch diese Verbindung zur göttlichen Quelle ihr wahres Wesen kennenzulernen beziehungsweise aus ihrer jetzigen Realität, ihrer Welt der Illusionen aufzuwachen. Dann drehen sie den Hahn selbst ab. Sie unterbrechen die Leitung und ernähren sich nicht mehr von göttlicher Energie, sondern holen sich die Lebensenergie von anderer Seite. Andere Menschen müssen nun für ihre

Lebensenergien aufkommen. Diese Menschen sind noch nicht bereit, bewusst und erwacht zu leben. Respektieren wir ihre Entscheidung und konzentrieren uns auf unsere eigene Anbindung an die göttliche Quelle.

Die göttlichen Informationen sind keine Einheitsinformationen, die für alle gelten, sondern richten sich individuell, je nach der Lebensaufgabe, an jeden einzelnen Menschen. Wir erhalten immer genau die Informationen, die für uns in der jeweiligen Situation wichtig sind, um uns zu helfen und uns weiterzuentwickeln. Sind wir nicht so sehr mit unserem Ego, unserer Gefühlswelt und unserem Außen beschäftigt, können wir sie klar und deutlich empfangen. Göttliche Informationen sind die wertvollsten Informationen, die es gibt, und es wäre schade, sie nicht anzunehmen. Göttliche Informationen hört man meistens nicht über eine laute Stimme, sondern sie werden als innere Stimme, als Intuition, als spontane Idee und Eingebung oder als Bauchgefühl wahrgenommen.

# Die Zwölf-Strang-DNA

Irrtümlicherweise werden die zwölf DNA-Ebenen als zwölf Stränge angesehen und auch als diese bezeichnet. Die ursprüngliche Zwölf-Strang-DNA bestand aus zwei spiralförmigen Strängen mit jeweils zwölf Ebenen und schwang in einer für uns unvorstellbar hohen Energie, in der Schwingung der Zwölften Dimension. Jede Ebene erstrahlte in ihrer vollen göttlichen Größe und Schönheit. Zurzeit jedoch befinden wir uns im Übergang von der Dritten in die Fünfte Dimension, eine Schwingung der Zwölften Dimension könnten wir derzeit nicht ertragen.

Die zwölf Ursprungsebenen beinhalten unser ganzes Seelenpotenzial. Sie stehen für bestimmte Eigenschaften, Fähigkeiten und Aufgaben. Diese besonderen Ebenen sind immer noch vorhanden, aber nicht mehr für uns sichtbar, da sie zu hoch schwingen. Wir könnten uns nur mental mit den Energien der jeweiligen Ebenen verbinden, aber nicht direkt an die zwölf Ebenen anschließen oder sie wieder aktivieren. Diese Ebenen werden nach und nach wieder „zum Leben erweckt", je nachdem, in welcher Dimension wir uns gerade befinden.

Die zwölf Ebenen-DNA kann nur in der Zwölften Dimensionalität gelebt werden. Die derzeitige DNA besteht aus zwei spiralförmigen Strängen, die identisch sind. Diese Spiralen setzen sich jeweils aus drei Ebenen zusammen. Die Ebenen teilen sich im Laufe des Aufstiegsprozesses in die Fünfte Dimension in fünf Ebenen auf. Die körperliche Ebene verkleinert sich in ihrer Breite und wandelt sich zur

Lichtkörper-Ebene. Die energetische und die seelische Ebene werden breiter und nehmen an Kraft und Stärke zu. Wenn sie zu breit werden, teilen sie sich in zwei neue Ebenen auf. Es entstehen fünf DNA-Ebenen, die wir in der Fünften Dimension vollkommen „ausleben" können. Neue Potenziale und Fähigkeiten kommen zum Vorschein, die wir uns jetzt noch nicht vorstellen können. Freuen wir uns auf diese neuen, wunderbaren Kräfte!

# Unsere Seelenanteile in der DNA

Seelenanteile sind Energien und Gefühlsformen, wie zum Beispiel Vertrauen, Macht, Selbstvertrauen und Liebe, um nur einige zu nennen. Sie befinden sich in unserem energetischen Körper und sind als Blaupause in unserer DNA abgespeichert. Diese Seelenanteile sind in ihrer reinsten Form vorwiegend auf der seelischen DNA-Ebene, aber auch vereinzelt auf der energetischen DNA zu finden. Sie enthalten die Urspungsenergie unserer Seele, was nicht heißt, dass wir diese bereits leben. Sie können von Blockaden, wie zum Beispiel Ängsten, Zweifel, Traumen und Schockerlebnisse überlagert sein. Ist dieses der Fall, können sie nur teilweise oder gar nicht gelebt werden.

In bestimmten Phasen unseres Lebens haben wir entschieden, dass es für uns besser ist, einige Seelenanteile nicht zu leben, da sie uns in der Vergangenheit nur Schmerz und Kummer gebracht haben. Zum Beispiel das Vertrauen in einen neuen Partner, man hat sein Herz geöffnet, sich in Liebe hingegeben und wurde dann verletzt. Wenn diese Situation mehrmals auftritt, kann es sein, dass die Herzensenergie unterdrückt wird und das Herz sich vor einer neuen Liebesbeziehung verschließt. Immer mehr negative Erlebnisse überlagern diesen Seelenanteil, bis kein Zugang mehr zum Herzen besteht. Doch jetzt haben wir die Chance, diese Seelenanteile wieder freizulegen, zu heilen, um sie dann zu leben. An diesen unterdrückten Seelenanteilen lernen wir am meisten für unsere Weiterentwicklung.

Es gibt auch Seelenanteile in uns, die wir im Laufe unseres Lebens abgespalten haben. Die Ursachen dafür waren schlechte Erfahrungen und Verletzungen. Diese Anteile sind nicht mehr zu sehen, sie wurden in die äußeren Auraschichten verbannt oder an andere Menschen abgegeben. Die Bereiche der Seelenanteile in der Blaupause bleiben als farb- und energielose Bereiche zurück. Viele Heiler haben die Fähigkeit, diese abgespaltenen Seelenanteile zu erkennen und können dem Betroffenen helfen, sie wieder anzunehmen und zu integrieren. Auch eine Unterdrückung eines Seelenanteils lässt uns denken, er sei abgespalten. Sie werden mit einer speziellen Blockade so raffiniert versehen, dass sie nicht mehr zu erkennen sind, sie werden für uns sozusagen unsichtbar gemacht. Werden alle überlagerten Blockaden aufgelöst, unsere Seelenanteile wieder angenommen und integriert, fängt die DNA wieder an, in ihrer vollen Pracht zu erstrahlen.

# Meisterenergien

Jeder von uns hat Meisterenergien in sich, und wir haben hier auf Erden die Möglichkeit, sie zu leben. Es liegt an uns selbst, ob wir sie aktivieren wollen oder nicht. Viele Menschen haben sich jedoch dazu entschieden, diese Seelenanteile verschlossen zu halten. Andere wiederum sind gerade dabei, ihr Meisterpotenzial zu entdecken und zu entfalten.

Die Seelenanteile unserer Meisterenergien sind in unserer seelischen DNA verankert. Dringen wir zu ihnen vor, sind wir bereit, sie aktiv in uns zu integrieren. Viele Kinder der Neuen Zeit leben bereits diese Meisteranteile, wie auch schon andere bekannte Persönlichkeiten. Bei diesen Menschen hat sich schon früh eine Meisterenergie herauskristallisiert, das heißt, sie verkörpern und leben diese spezielle Energie eines Meisters in ihrem jetzigen Leben. Ist diese Meisterenergie sehr stark ausgeprägt, kann es sogar sein, dass sich ein Aufgestiegener Meister oder eine Aufgestiegene Meisterin in diese Seele teilweise inkarniert hat, um auf diesem Weg der Menschheit zu helfen. Diese zusätzlichen Inkarnationen von Meistern und Meisterinnen in uns Menschen sind eher selten und treten nur bei denjenigen auf, die eine Schlüsselrolle in der Transformation der Erde und der Menschheit übernommen haben. Abgesehen von diesen seltenen Teilinkarnationen hat jeder Meisterenergien in sich. Identifizieren und verbinden wir uns stark mit ihnen, beginnen wir, sie auch zu leben.

Jeder Mensch hat einen persönlichen Helfer in den Reihen der Aufgestiegenen Meister/Meisterinnen, der ihm von seiner Energie und seinen Fähigkeiten am ähnlichsten ist. Natürlich verfügen wir auch noch über andere Meisterenergien. Sie jedoch sind nicht so stark ausgeprägt wie der Seelenanteil unseres „persönlichen" Meisters. Neben den Meisteranteilen gibt es auch Engelanteile oder Energien von anderen Lichtwesen in uns. Es kommt immer auf die ursprüngliche Herkunft der Seele und ihre Aufgabe hier auf Erden an. Für die Menschen, die als Engel hier auf der Erde inkarniert sind, sind die Engelenergien am stärksten. Je nachdem, welche Aufgabe und Fähigkeiten sie haben, sind sie einem Erzengel besonders zugetan. Zudem gibt es nicht nur die Aufgestiegenen Meister, die wir aus unserer Welt kennen, sondern auch Aufgestiegene Meister aus anderen Sternenwelten und Dimensionen. Es müssen nicht immer die uns bekannten Meister und Meisterinnen sein.

Aber wie werden die Meisteranteile in uns aktiviert? Erst einmal müssen wir die Blockaden in der seelischen DNA, die sich auf dem Weg zu einem Meisteranteil befinden, auflösen. Das kann durch Energie- und Transformationsarbeit in uns, durch reine Erkenntnis, durch Heilung, durch bestimmte Ereignisse oder Entscheidungen geschehen. Jedes Mal gelangen wir ein Stückchen näher an unsere Meisterenergien. Wenn der richtige Zeitpunkt gekommen ist, werden wir die Erlaubnis von unserer Seele erhalten, uns mit ihnen bewusst und intensiv zu verbinden. Wir werden langsam an diese Meisterenergien herangeführt. Sind wir in unserer inneren Mitte und unserer Kraft angelangt, können wir diese Anteile vollkommen leben. Kennen wir die vorherrschende Meisterenergie in uns, können wir uns intensiv mit diesem Aufgestiegenen Meister verbinden und ihn bitten, unser Potenzial zu entfalten und zu fördern. Wir können ihn in unsere Meditationen mit einbinden, mit ihm kommunizieren, ihn um Rat fragen und um Hilfe bitten. Er/ Sie begleitet uns auf unserem Weg. Haben wir alle unse-re innewohnenden Meisterenergien erschlossen, sind wir bereit, unseren eigenen Meister zu leben.

# Gespeichertes Wissen in der DNA

Altes Wissen aus früheren Leben und anderen Existenzen, das wichtig für unsere Seelenentwicklung war und ist, befindet sich in gespeicherter Form in der seelischen DNA-Schicht. Man kann sich das visuell wie verschiedene Bibliotheken vorstellen, für die wir im Laufe unseres Lebens die Schlüssel erhalten, um einzutreten. Jede Bibliothek enthält Bücher mit einem bestimmten Wissen, in denen wir bei Bedarf nachschlagen und lesen können. Je nachdem, was für eine Entwicklung und Phase wir in unserem Leben durchlaufen, erhalten wir Zutritt zu diesen wunderschönen Bibliotheken des Wissens. Die Informationen sind wie in einer energetischen Blase auf der DNA eingespeichert. Manchmal sind sie direkt zugänglich und wir können das Wissen sofort nutzen, oder aber wir müssen vorher einige Blockaden und Schutzmauern, die diese Blase umgeben, abbauen.

Manche Informationen wären zu bestimmten Phasen unseres Lebens nicht förderlich, sie würden uns schaden und uns in unserer Entwicklung beeinträchtigen. Wir wären noch nicht bereit, mit diesem Wissen umzugehen. Alte Informationen über das Leben, andere Kulturen, andere Techniken und Lebensweisen sind tief in uns abgespeichert. Wir sind sozusagen das wandelnde Lexikon unserer gesammelten Erfahrungen und tragen bereits den Wegweiser für unser Leben in uns. Wir selbst wissen am Besten, was wirklich gut für uns ist. Leider haben wir diese Fähigkeit, auf unsere innere Stimme zu hören und zu vertrauen, verlernt. Wenn wir uns jedoch wieder mit unserem Herzen, unserem Höheren Selbst, mit der göttlichen Quelle und mit der Erde verbinden, schaffen wir den optimalen Zugang zu unserem gespeicherten Wissen. Wenn wir kontinuierlich an uns arbeiten, bekommen wir nach und nach die richtigen Schlüssel zu verschiedenen Datenbanken ausgehändigt. Wir brauchen nur ab und zu Informationen von außen, damit wir in die richtige Richtung gestoßen werden und so den Eingang zu unseren inneren Bibliotheken leichter finden. Dann können wir in unserer täglichen Meditation in die Welt des Wissens eintauchen und uns informieren. Die Daten, die für uns wichtig sind, können wir einsehen. Wir laden sie auf die Informationsebene unserer energetischen DNA herunter und können sie so nutzen und umsetzen.

Das alte Wissen ist tief in unserer DNA verankert, es bleibt immer bestehen, wie auf einer Festplatte. Wir können, so oft wir wollen, die Informationen herunterladen. Die Daten strömen über die seelische in die energetische DNA und somit in unseren Geist. Die Informationen werden uns nach und nach bewusst. Teilweise kann es auch sein, dass das seelische Wissen direkt in unser Energiefeld einströmt und wir das Wissen nicht im Sinne von Denken erfahren, sondern es in uns als bestimmte Energien wahrnehmen. Das neuere abgespeicherte Wissen befindet sich in den Schichten der energetischen DNA. Wir haben bereits alles in uns, wenn wir beginnen, dieses Wissen zu nutzen.

# Verschiedene Wirkungen und Einflüsse auf die DNA

Es gibt verschiedene Energien in uns und in unserem Umfeld, die sich auf unsere DNA, stärkend wie schwächend, auswirken können. In den folgenden Kapiteln sind einige davon beschrieben.

## Umfeldenergien

Umfeldenergien sind Energien, die sich in unserem inneren und äußeren Umfeld befinden. Die äußeren Umfeldenergien sind die Medien, unsere Mitmenschen, Veranstaltungen, Erdenergien, die Natur und unsere Umwelt. Das innere Umfeld bezieht sich auf unser Ego, auf die von uns produzierten Gefühle und Gedanken, die sich auch in unseren Auraschichten wiederfinden. Die feindlichsten Umfeldenergien der DNA sind die Medien und unser Ego. Besonders das Fernsehen behindert unsere Anbindung zur göttlichen Quelle erheblich, es schneidet sie regelrecht ab und übernimmt die Führung der sendenden Informationen.

Wir müssen uns das wie folgt vorstellen: Ständig werden uns Informationen zugetragen, ob nun von der weltlichen oder der göttlichen Seite. Sind wir in der göttlichen Stille, der inneren oder äußeren, hören wir die göttlichen, für uns bestimmten Informationen. Sobald wir unsere Antenne auf weltliche Informationen, hauptsächlich die Medien, ausrichten, wird die Verbindung zur göttlichen Quelle erheblich gestört. Das Fernsehen ist deswegen so gefährlich, weil wir zu viele Informationen zu schnell empfangen. Wenn wir eine Sendung ansehen, sind wir entspannt, geben keine Befehle an unser Unterbewusstsein, dass wir bestimmte Informationen nicht brauchen, wir wollen vor dem Fernseher relaxen. Über zwei Sinnesorgane werden diese Daten gesendet, die Ohren und die Augen. Wir haben nicht genug Zeit, sie zu selektieren und zu überdenken. Unser Unterbewusstsein ist in dem Moment von der einströmenden Flut an Informationen total überfordert. Also werden alle eingehenden Informationen erst einmal als wichtig eingestuft und in der energetischen DNA zwischengelagert.

Da die Medien meistens auf einer Manipulationsenergie basieren, sind wir diesen Informationen oft hilflos ausgesetzt. Die Energien von Leid, Gewalt, Kampf und Angst werden in unserer DNA und unseren Zellen abgespeichert beziehungsweise zwischengelagert, so lange, bis sie von unserem Unterbewusstsein analysiert werden. Haben wir nicht genügend Ruhephasen, können diese Informationen nicht selektiert werden und werden so automatisch von unserem Unterbewusstsein in der DNA gespeichert. Durch die direkte Verbindung und gegenseitige Energiezufuhr von energetischer DNA und Ego wird das Ego durch alle gespeicherte Daten genährt. Denken Sie daran, wenn Sie das nächste Mal die Nachrichten im Fernsehen anschauen. Besser sind Zeitungen, Zeitschriften oder Bücher, dort können sie selbst entscheiden, wie viele und welche Informationen sie aufnehmen und wann es ihnen zu viel wird.

Bei zwischenmenschlichen Begegnungen kommen in der Regel die Informationen in einer Schnelligkeit zu uns, die wir leicht einordnen können. Wir können uns dagegen schützen oder bewusst diese Energien auf- und annehmen. Begeben wir uns in Menschenmengen, wie zum Beispiel bei Veranstaltungen sollten wir genau prüfen, ob diese Energien uns guttun. Ein Theaterbesuch unterscheidet sich von einem Aufenthalt im Bierzelt, die Menschen im Bierzelt können lustig, aber auch betrunken sein, das Theaterstück kann positive oder negative Gefühle hervorrufen.

Die Natur hat in der Regel eine positive, aufbauende und reinigende Wirkung auf uns. Es gibt Kraftplätze, die eine sehr hohe Schwingung aufweisen und uns bei der Transformation unterstützen, und es gibt Plätze, die uns die Energien abzapfen. Alle Umfeldenergien werden von unserem Zellwasser und unserer DNA aufgenommen und haben einen großen Einfluss auf unser Sein. Sie können uns fördern und unterstützen oder schwächen und blockieren. Vertrauen Sie mehr Ihrer Intuition und handeln sie danach. Wobei haben Sie ein gutes Gefühl, wobei ein schlechtes?

Sind wir innerlich gefestigt, befinden wir uns in unserer Mitte, und leben wir in unserer Kraft, kann uns nichts passieren. Das göttliche Licht ist so strahlend und stark, dass es niedrig schwingenden Energien sofort eliminiert, und diese keinen Einfluss mehr auf uns haben.

# Das Ego

Das Ego hat einen erheblichen Einfluss auf die DNA, wie schon im vorherigen Kapitel angesprochen wurde. Ich möchte aber noch einmal näher darauf eingehen. Das Ego wird von allen Informationen, die auf der energetischen DNA gespeichert sind, genährt. Ohne Ausnahme. Jetzt kommt es natürlich darauf an, welche Informationen dort gespeichert sind. Sind es wichtige oder unwichtige Daten? Alle Informationen beeinflussen unser Sein und natürlich auch unser Ego. Die Informationen, die uns am meisten schaden und unser Ego stärken, sind die nicht selektierten gespeicherten Daten, für die das Unterbewusstsein keine Zeit mehr hatte, sie zu sortieren und zu löschen. Es sind Daten, die wir normalerweise nicht abspeichern würden, da sie uns schaden. Meistens sind es manipulative Daten aus den Medien, wie zum Beispiel Fernsehen, die zu schnell auf uns einprasseln. Diese nicht zu stoppende Informationsflut bildet einen schleimigen Film auf der energetischen DNA und verhindert mit der Zeit, dass andere wichtige Informationen an unsere energetische DNA gelangen und sie an unsere Seele weiterleiten. Von diesem Film, der sich im schlimmsten Fall über die gesamte DNA zieht, und das geht schneller, als wir denken, ernährt sich unser Ego stetig.

Zusätzlich wird dieser Film auf der energetischen DNA aus anderer Richtung vom Ego selbst genährt. Stimmungen, Gefühle, Gedanken werden produziert, die sich dann auf dem energetischen Film ablagern. Das Ego hat eine ganz eigene Intention, es möchte über das Leben der Menschen herrschen. Es ernährt sich von negativen Emotionen, Absichten und dementsprechend eingehenden Informationen. Alle Illusionen des Leids, des Kampfs, des Wunsches nach Liebe und Anerkennung, um nur einiges zu nennen, bestimmen das Leben. Die meisten Menschen lassen sich vollkommen von diesen Emotionen leiten. Die absolute Identifikation mit unserem Ego behindert unser spirituelles Leben und schneidet unsere Verbindung zur göttlichen Quelle willentlich ab. Wir treten freiwillig aus dem göttlichen Strahl der Liebe heraus und geben damit unsere gottgegebene Macht an unser Ego ab. Sogar unsere Zellen passen sich nach einiger Zeit dieser niedrigen Schwingung an. Das Ego wird immer größer, es nimmt überhand und bestimmt über unser Leben, ohne dass wir es bemerken.

Um einen derartigen „Informations"-Film nicht zustande kommen zu lassen oder aufzulösen, begeben Sie sich regelmäßig in die Stille und schließen sich an die göttliche Quelle an, damit Ihr Unterbewusstsein genug Zeit hat, die Informationen zu selektieren. Vermeiden Sie zu viel Fernsehen, leben Sie in der Gegenwart und im Hier und Jetzt. Versuchen Sie, aus der alltäglichen Gedankenspirale und dem illusorischen Leid auszubrechen, und schaffen Sie wieder Platz für göttliche Gedanken und kreativen Ideen.

# Die Nahrung

Natürlich hat die Nahrung auch eine große Wirkung auf unsere DNA. Sie beeinflusst alle Ebenen der DNA, zuerst die körperliche, dann die energetische und schließlich die seelische, wobei die seelische nur bei Menschen mit Essstörungen oder denjenigen, die nur „schlechte" Nahrung zu sich nehmen, beeinflusst wird.

In der Regel bleibt die seelische Schicht also unbeeinflusst. Der Körper nimmt die Nahrung auf und gibt die Energien und Informationen an die körperliche DNA weiter. In der Kompensierungsschicht wird sie selektiert, aufgeschlossen, verwendet, und Informationen werden weiter in die energetische DNA geleitet. Ist die Nahrung in guter verwertbarer Schwingung, werden alle Nahrungsinformationen optimal selektiert. Nicht brauchbare und nicht verwertbare Daten werden gelöscht, verwendbare Energien aufgenommen und verarbeitet.

Ist die Nahrung zu niedrig schwingend, wird sie nicht ganz erfasst und automatisch in die körperliche und energetische Ebene aufgenommen. Niedrig schwingende Nahrung hat den Nachteil, dass ihre Bestandteile nicht optimal verwendet und selektiert werden können, da sie nicht ganz erfassbar sind. Die Energien gehen gleich in die körperliche und energetische DNA über. Das kann zu negativen Folgen führen, da nicht alle Energien und Informationen uns von positivem Nutzen sein könnten.

Die Kinder der Neuen Zeit brauchen gesunde, reine und hoch schwingende Nahrung, damit sie sich optimal entfalten und entwickeln. Höher schwingende Menschen nehmen in ihrer Entwicklung automatisch die Nahrung zu sich, die ihnen gut tut. Eine niedrig schwingendere Nahrung würde ihre Frequenz herabsetzen, was Müdigkeit und Erschöpfung zur Folge hätte.

Natürlich wäre es am besten, nähmen wir kein Fleisch oder Fisch mehr zu uns. Dennoch ist es für manche Menschen noch sehr wichtig, um bei ihrer Lichtarbeit und Transformation geerdet zu bleiben. Darüber hinaus gibt es alte Strukturen in der körperlichen DNA, die die Energie des Fleisches noch benötigen, bis sie in neue kristalline Strukturen umgewandelt werden. Um eine optimale Fleischaufnahme zu gewähren, sollten Sie die Tiere vor dem Verzehr segnen und ihnen mit Achtung und Liebe dafür danken, dass sie sich für Sie geopfert haben. Berücksichtigen Sie auch die Ängste, die ein Tier vielleicht ausgestanden hat, bevor es den Tod fand. Wie schon seit längerem bekannt, nehmen wir auch die Ängste und Emotionen dieser Tiere auf. Sie können folgenden Segen sprechen, um die negativen Energien in Licht und Liebe zu transformieren:

*„Ich segne dich, liebes Tier. Ich achte und ehre dich und danke dir dafür, dass du für mich gestorben bist. Ich bitte die Engel, alle Ängste und Emotionen in Licht und Liebe zu verwandeln."*

Die Segnung gilt nicht nur für Fleisch oder Fisch, sondern für jegliche Arten von Nahrung. Segnen Sie alle ihre

Nahrungsmittel, indem sie ihre Hände darauf halten und sagen:

*„Ich segne dieses Essen mit göttlicher Liebe, Achtung und Dankbarkeit."*

Mit diesen oder von ihnen selbst gewählten Worten erhöht sich die Schwingung ihrer Nahrungsmittel sofort. Es geht hier um die Achtung, die wir den Tieren, der Natur und Mutter Erde entgegenbringen sollten. Darüber hinaus gibt es noch andere Informationen, die in den Nahrungsmitteln enthalten sind. Deswegen ist es immer wichtig, die Segnungen vorzunehmen, um alle negativen Energien in göttliche Liebe zu verwandeln.

Es gibt Nahrungsmittel, die aus Gründen der Geldgier billig produziert wurden, und genau diese Energien beinhalten die Produkte auch. Alle Billigläden sind von speziellen negativen Energien behaftet. Das heißt nicht, dass Sie dort nicht mehr einkaufen können, jedoch sollten Sie sich dieser Energien bewusst sein und Ihr Essen immer segnen. Am besten beginnen Sie damit schon während der Zubereitung. Sie können zu Ihrem Segen noch einen Satz hinzufügen:

*„Hiermit bitte ich die Engel, alle negativen Informationen, die dieses Essen in sich trägt, in göttliche Liebe umzuwandeln."*

Damit stehen Sie auf der sicheren Seite und nehmen keine Gier-, Geiz- oder andere Manipulationsenergien auf. Auch die Menschen, die vorher dieses Produkt bei der Ernte, der Verarbeitung, der Produktion oder dem Verkauf in ihren Händen hielten, können Energien darauf hinterlassen. Natürlich auch positive und energiestärkende. Bei dem Kauf von Nahrungsmitteln und auch anderen Dingen sollten Sie sich immer den Verkäufer ansehen, ob er Ihnen sympathisch ist, und danach entscheiden, ob Sie das Produkt kaufen oder nicht. Folgen Sie Ihrer Intuition und handeln Sie danach, es ist Ihr Körper, dem Sie Nahrung zufügen.

# Die Natur

Die Natur hat eine ganz besondere Wirkung auf die DNA. Sie reinigt die DNA in all ihren Schichten und Ebenen und füllt sie mit göttlicher Energie wieder auf. Es reicht schon aus, wenn Sie einen Spaziergang machen, die Stille genießen und die Energie bewusst auf sich wirken lassen. Am sinnvollsten wird die DNA gereinigt und aufgefüllt, wenn Sie in der Natur meditieren. Auch in Gesellschaft tut die Natur gut. Jedoch sollten Sie bei einer Unterhaltung darauf achten, welche Gespräche Sie führen und über welche Themen Sie reden. Wenn Sie sich über etwas aufregen oder zu intensiv von Ihrem Leid und Kummer sprechen, nehmen die Gespräche einen negativen Verlauf. Sie sinken in Ihrer Schwingung, und die Energie der Natur dringt nicht mehr ganz zu Ihrer DNA durch, sondern transformiert die gerade entstandenen Gedanken und niedrig schwingenden Energien.

Die Natur, wie übrigens auch unsere Kinder, hat die Fähigkeit, uns ins Hier und Jetzt zu bringen, unsere Gedanken und Sorgen einfach loszulassen. Wenn wir genau darauf achten, können wir das Bewusstsein der Natur spüren, das sich in uns widerspiegelt. Die Natur steht im Dienst der göttlichen Quelle und heilt immer. Jede Pflanze, jedes Teil der Natur ist mit der göttlichen Quelle verbunden und dient ihr. Diese einzigartige Energie durchtränkt alle Poren von Körper, Geist und Seele. Sie dringt in die DNA ein und wandelt überflüssige Informationen und Blockaden in Licht und Liebe um. Sie ist wie ein glitzernder Zauberstaub, der wahre Wunder vollbringt. Diese Energie hält sich einige Zeit in der DNA und arbeitet noch nachwirkend an ihr.

Bleiben Sie nach dem Ausflug in die Natur in der Stille beziehungsweise im Hier und Jetzt, so bleibt Ihnen die Naturenergie länger erhalten und kann optimal an Ihrer Heilung arbeiten. Begeben Sie sich jedoch sofort wieder in Ihre alte Denkstruktur, ist die Naturenergie schnell aufgebraucht. Auf unserer Erde gibt es verschiedene Arten von Naturenergien.

### Der Wald

Der Wald besteht aus einer grünen, teilweise glitzernden Energie, die tief in die Schichten unseres Seins eintritt. Er hat die Fähigkeit, uns Gottvertrauen, Zuversicht, Erdung, Geborgenheit und Heilung zu bringen. Lassen wir uns auf die Waldenergien ein, fühlen wir uns wohl behütet und sicher eingebettet im Universum.

Viele Menschen haben alleine Angst im Wald, jedoch ist das die innere Angst vor Einsamkeit in ihrem Leben. Die Bäume strahlen permanent heilende Energien ab und umfangen alles, was den Wald durchquert. Sie sind mit der göttlichen Quelle verbunden und können uns mit ihr verbinden, wenn wir einen Baum anfassen oder umarmen. Sie helfen uns, mit Himmel und Erde optimal verbunden zu sein. Speziell die Baumenergie bringt alle durcheinander schwirrenden Informationen in der energetischen DNA auf den Boden. Die Informationen werden geerdet und können so leichter selektiert werden.

Setzen Sie sich auf den Waldboden oder an einen Baum, und spüren Sie das Bewusstsein des Waldes. Seien Sie im Jetzt, und geben Sie alle Sorgen und Gedanken an Ihren Baum ab. Er transformiert sie gerne für Sie.

## Der See

Der See hat eine sehr starke blaue Energie, die uns beruhigt und Vertrauen in Veränderungen bringt. Festgefahrene und unwichtige gespeicherte Informationen auf der DNA werden durch die Seeenergie gelockert, in Bewegung gebracht und aufgelöst. Die Energie eines Sees unterscheidet sich zur Flussenergie insofern, als der See einfühlsamer mit uns umgeht. Vorausgesetzt, es herrscht kein Sturm. Der Fluss hat eine schneller vorantreibende Kraft. Möchten Sie eine schnelle positive Veränderung oder Reinigung Ihrer DNA, fahren Sie an einen Fluss und nehmen Sie die Energie des fließenden Wassers wahr.

## Das Meer

Das Meer hat eine ganz eigene Energie. Diese grünblaue Energie hilft uns, die Grenzenlosigkeit, die Freiheit und die Kraft des Universums zu spüren und zu leben. Da das Meer besonders mit dem Universum, zum Beispiel durch die Gezeiten, verbunden ist, hat es die besondere Fähigkeit, uns diese einzigartige Energie der göttlichen Quelle widerzuspiegeln. Die Meerenergie dringt am tiefsten von allen Naturarten in unsere DNA ein. Sie durchspült alle Ebenen mit der Kraft des Universums. Sie wirkt wie eine Waschmaschine auf unsere DNA-Schichten. Alles, was nicht mehr gebraucht wird, wird weggespült beziehungsweise transformiert. Die Meerenergie verändert und gibt uns wieder Raum für Neues.

### Die Berge

Auch Berge haben eine immense Kraft, die auf unsere DNA wirkt. Es ist das Zusammenspiel der Elemente Luft und Erde, das die Besonderheit der Berge ausmacht. Die Berge repräsentieren die Urkraft von Mutter Erde. Sie verbinden uns mit unserem tiefsten Wissen, das auf unserer DNA von frühesten Zeiten an gespeichert ist. Sie verbinden uns mit der Urkraft und dem Urwissen in uns. Alte Informationen, die wir in uns gespeichert haben, werden in uns wahrgenommen, wenn wir uns in der Nähe von oder auf den Bergen befinden. Sie verbinden uns mit unserer eigenen Urkraft. Die Berge haben durch ihre Höhe eine immens weite Ausstrahlung, und das bloße Ansehen transformiert unsere DNA und lockert alte Informationen, um sie zu erkennen. Ist man auf dem Gipfel eines Bergs angekommen, hat man die Möglichkeit, sich optimal mit dem Luftelement zu verbinden. Viele Menschen bevorzugen die Berge, denn dort können sie sich mit dem Element Luft verbinden, ohne den Boden unter den Füßen zu verlieren, wenn sie am Gipfel angekommen sind.

Natürlich gibt es noch andere Plätze in der Natur, spüren Sie selbst in diese einzigartigen Energien hinein. Jeder Platz hat seine individuelle Ausstrahlung. Auch die Natur ist gerade dabei, sich zu transformieren, und an einigen Plätzen ist die alte Energie bereits in Kristallenergie umgewandelt. Diese Orte strahlen eine besonders starke Energie aus, und die jeweiligen Farben sind mit einem kristallinen Glitzer durchzogen, wie alles, was mit der Kristallenergie in Kontakt kommt. Nutzen Sie die Kraft und das Wunder der Natur für sich und Ihre Seele.

# Tiere

Tiere haben eine besondere Wirkung auf uns Menschen. Jedes Tier hat eine individuelle energetische Ausstrahlung, die auch auf unsere DNA-Schichten wirkt. Die allgemeine Wirkung der Tiere auf die DNA ist eine behutsame und warme Energie, die die einzelnen Zellen wieder harmonisch schwingen lässt. Bei allen Tieren, vorausgesetzt wir hegen keine Ängste gegen spezielle Tierarten, ist das der Fall. Jedes Tier hat eine andere göttliche Aufgabe, sie stehen für bestimmte Eigenschaften, die sich in unseren Seelenanteilen wiederfinden. Jedes Tier ist mit einem anderen Seelenanteil in uns verbunden. Es können mehrere Tiere gleiche Seelenanteile in uns aktivieren. Hasen und Enten können gleichermaßen die Herzensliebe in uns intensivieren. Wenn Ihnen zum Beispiel eine Katze entgegenkommt, verbindet sie sich automatisch mit Ihrem Seelenanteil der Selbstbestimmung, dem alten Wissen und der göttlichen Freiheit. Sie aktiviert die innere Göttin in uns. Ein Hund verbindet sich mit dem Seelenanteil Schutz, Treue und bedingungslose Liebe.

Tritt ein Tier in Kontakt mit einem bestimmten Seelenanteil in unserer seelischen DNA, wird dieser Anteil automatisch energetisiert und aktiviert. Ist dieser Seelenanteil überlagert von Blockaden oder wird willentlich von uns unterdrückt, dringt die Tierenergie nur schwer zu ihm durch. Ist er zu sehr überdeckt, kann keine Verbindung mehr hergestellt werden, die Energien des Tieres prallen von der seelischen DNA ab und landen als selektierbare

Informationen auf der Oberfläche der energetischen DNA. Dort können diese Informationen eine andere heilende Wirkung entfalten. Vielleicht benötigen wir zuerst die Energien eines anderen Tieres, um uns in unserer seelischen Heilung voranzubewegen. Es gibt Tiere auf dieser Erde, die uns helfen, genau diese Blockaden und Ängste, die über andere Seelenanteile gelagert sind, aufzulösen.

Tiere verbinden sich zusätzlich mit unseren Selbstheilungskräften. Wenn wir wachsam und bewusst durchs Leben gehen, treffen wir immer genau auf das Tier, das wir zu dieser Zeit benötigen, um zu transformieren und unser Bewusstsein zu erweitern. Haben wir die Chance, ein Tier zu berühren, sollten wir diese nicht auslassen. Denn über die Haut, über ihre Sensoren, nehmen wir zusätzlich Energien des Tieres auf. Somit wird die körperliche DNA mit beeinflusst. Streicheln wir ein Tier länger und sitzt es wie eine Katze auf unserem Schoß, haben wir eine weitere Chance zur Heilung. Begegnen wir ihnen mit Achtung und Ehre, tun sie dasselbe für uns.

Katzen haben eine besondere Position in der Tierwelt, sie sind kleine Heiler, die für Großartiges bestimmt sind. Sie haben eine Heilberufung in dieser Welt angenommen. Sie transformieren Blockaden und niedrig schwingende Energien der Menschen in Licht und Liebe um. Liegt eine Katze auf unserem Schoß und schnurrt, dann befinden wir uns in einer göttlichen Erfahrung. Das Vibrieren des Schnurrens entspannt unser ganzes Sein und natürlich auch alle unsere DNA-Ebenen. Die Schwingung des Schnurrens mit ihren breiten Wellen und hohen Schwingungen erfasst alle Frequenzbereiche unserer Eigenschwingung. Sie hebt sie an, massiert und entspannt sie. Sie löst Blockaden und Verletzungen seelischer, energetischer oder körperlicher Natur. Unsere gesamten Zellen werden von diesen einzigartigen heilenden Schwingungswellen beeinflusst. Die Katze unterstützt uns bei unserer Heilung und bringt uns näher zu unserem Sein und unserem Höheren Selbst. Wie dankbar können wir sein, solche wundervollen Lebewesen auf unserer Erde begrüßen zu dürfen. Nehmen wir sie in Achtung, Respekt und Liebe an.

# Töne und Vokale

Töne wirken sich heilsam auf unsere DNA aus. Je nachdem, welche Frequenz sie haben und von wem sie gesungen werden, reagiert die Membran der DNA auf diese Schwingungen positiv oder negativ. Optimal ist es, wenn wir selbst Töne summen oder singen. Unsere Selbstheilungskräfte werden aktiviert, wir entspannen uns und Aufgestautes löst sich auf. Alle Menschen sollten in Konfliktsituationen oder bei schwierigen Meetings und Terminen anfangen zu singen. Das würde einiges erleichtern. Alleine die Vorstellung bringt Spaß und Freude. Wenn wir anfangen zu singen, singen wir intuitiv den richtigen Ton, den wir und unsere DNA gerade benötigen.

Wenn wir in unseren Blockaden und Problemen zu festgefahren sind, benötigen wir einen Außenstehenden, der für uns diese Töne singt. Verbinden wir die Töne mit Vokalen, haben sie eine besondere Heilwirkung. Die tieferen Töne verbunden mit warmen Vokalen, wie zum Beispiel O und U, beeinflussen die tiefer schwingenden Schichten der DNA, dagegen I und E die höher schwingenden Ebenen. Der gesungene Vokal A wirkt auf allen Ebenen. Eine einzigartige heilende und energetisierende Wirkung auf unser Sein entfaltet der Vokal A, verbunden mit dem gesungenen Ton a. Jeder kann für sich selbst intuitiv entscheiden, welche Töne und Vokale er singen möchte. Jedoch sollten besonders sensitive und fühlige Menschen aufpassen, nicht zu viel und zu lange diese Töne zu singen, wie zum Beispiel bei Mantren. Die Auswirkungen könnten dann zu stark sein und zu viele Blockaden gelöst werden.

Singen hat eine befreiende und reinigende Wirkung auf unsere DNA. Summen wirkt wie eine innere Massage, energetische Konten werden langsam gelockert. Die Schwingung des Singens erheitert das Gemüt und reinigt alle DNA-Schichten von überflüssigen Informationen. Wenn Sie zum Beispiel zu viel ferngesehen haben und singen fünf Minuten lang intuitiv verschiedene Vokale und Töne, bewirkt das wahre Wunder. Körper, Geist und Seele werden wieder mehr miteinander in Einklang gebracht und die DNA so von Informationen gereinigt.

Einfach drauf loszusingen tut uns und unserer Seele auf alle Fälle gut, egal, welche Vokale und Töne wir singen Jedoch sollten wir bei der Wahl der Lieder, die wir oft wiederholen, achtsam sein. Jeder kennt das: Uns gefällt ein Lied, wir können es nicht oft genug hören und müssen jedes Mal mitsingen. Das Singen verstärkt die Manifestation der gesungen Worte und der währenddessen gefühlten Emotionen. Die Manifestation von Dingen geschieht schneller, wenn wir unsere Wünsche singen. Deswegen sollten wir bewusst auswählen, welches Lied wir immer wieder hören und mitsingen. Es beeinflusst uns auf eine subtile Art und Weise.

Auch in Schocksituationen und bei Krankheiten oder Verletzungen ist Singen ein wahres Wundermittel zur Selbstheilung. Haben wir es geschafft, stets in unserer Mitte zu sein und zu leben, bedarf es nur eines Summens von fünf Minuten, und alle DNA-Ebenen sind wieder in Harmonie.

Kinder singen viel, da sie ihre Eindrücke und das Erlebte so besser verarbeiten können. Oft mögen sie es nicht, wenn man als Erwachsener mitsingt, denn die Schwingung des Mitsingenden würde sich mit der Eigenschwingung des Kindes vermischen. Vielleicht muss sich das Kind gerade von dieser Person erholen und reinigen. Das Kind will nur seine eigenen Töne dazu benutzen, um Dinge zu verarbeiten. Etwas anderes ist es, wenn das Kind Zuneigung, Liebe und Geborgenheit braucht, dann dürfen die Eltern oder andere mitsingen. Das beruhigt das Kind. Deswegen ist es auch wichtig, dass die werdenden Mütter in ihrer Schwangerschaft öfter singen oder summen. So baut die Mutter eine stärkere Verbindung zu ihrem Kind auf, was sich später auf die Gesundheit und das Seelenleben des Kindes positiv auswirkt. Zudem erkennt das Kind nach der Geburt die Stimme seiner Mutter wieder und fühlt sich automatisch geborgen und behütet. Singen hat also viele positive Auswirkungen auf unser Sein.

Nun denn, lasst uns anfangen zu singen!

# Symbole und Tattoos

Alles, was auf unsere Haut gezeichnet wird, speichert sich in unserem Körper, in unseren Zellen ab. Die Energie des Symbols oder des Zeichens wird in die Blut- und Lymphbahn abgegeben und an alle Stellen im Körper, in jede Zelle transportiert. Jetzt kommt es darauf an, welche Zeichen oder Bilder sich auf der Haut befinden. Es gibt bereits heilende Symbole und Zeichen, die unsere Entwicklung auf allen Ebenen unterstützen. Die Energie tritt in die Zelle, in den Zellkern und auch in unsere energetische und körperliche DNA ein. Je nachdem, welche Information und Energie das Zeichen trägt, wird der Mensch und die DNA beeinflusst. Diese Informationen treten in einer Geschwindigkeit in die Zellen und die DNA ein, die das Unterbewusstsein gut verarbeiten kann. Da aber das Symbol schon in Kontakt mit der Haut steht, wird diese Information ohne Selektion als wichtig eingestuft.

Das gilt auch für die Inhaltsstoffe von Cremes, Salben und Ölen im medizinischen, naturheilkundlichen und kosmetischen Bereich. Das Unterbewusstsein geht davon aus, dass wir uns keine schädlichen Symbole aufmalen oder Substanzen auftragen. Auch Abbildungen von niedrig schwingenden Energien werden in der DNA gespeichert. Manchmal mit fatalen Folgen, da das Ego mit der energetischen DNA verbunden ist und den Charakter des Menschen beeinflusst.

Aufgezeichnete Symbole und Tattoos unterscheiden sich in der Dauer ihrer Wirkung. Tattoos bleiben ein ganzes Leben lang auf der Haut. Sie geben ständig Energie und Informationen an die Haut, an den Körper, an die DNA, an die Seele ab. Es findet eine langsame aber kontinuierliche Veränderung des Menschen in seinem ganzen Sein statt. Diese lebenslange Beeinflussung macht sich beim Charakter, bei der Lebensenergie, im Körper, in allen Bewusstseinsarten, in den Auraschichten und in der Ausstrahlung bemerkbar. Alle Zellen tragen die Energie dieses Bildes in sich. Der Mensch strahlt diese Energie aus, und somit reflektiert sein Umfeld seine Energie wider. Das gilt für hoch schwingende wie für niedrig schwingenden Symbole, Zeichen oder Bilder. Die Veränderung selbst fällt dem Tätowierten nicht auf, da sie sehr subtil und unbewusst abläuft. Auch wenn ein Tattoo weggelasert wird, bleiben die Form und die Energie, dieses Mal als Laserenergie auf der Haut, erhalten.

Tattoos können manchmal Dinge abbilden, mit denen wir uns normalerweise nie verbinden würden. Hat sich jemand die Schlacht von Trafalgar auftätowieren lassen, beeinflusst das die Lebensenergie nicht gerade positiv. Kriegsenergien, wie zum Beispiel Angst, Leid und Hass werden aktiviert. Wird Napoleon tätowiert, nimmt der Tätowierte automatisch einen Teil des Karmas von Napoleon an, und es werden bestimmte Seelenanteile aktiviert. Das kann unterstützend wirken oder auch nicht. Irgendwann sind die ständig eingehenden Informationen dieser Zeichnung zu viel, und die seelische DNA wird mit dieser Energieform konfrontiert. Es ergibt sich ein Datenabdruck des Tattoos direkt auf der seelischen DNA, wie eine kleine

Kopie. Also, Vorsicht bei der Motivwahl eines Tattoos, das für immer an und in uns bleibt.

Die innewohnende Energie der Tattoos kann aufgelöst werden, indem Sie sich mit der göttlichen Quelle verbinden und in Licht und Liebe leben. Zudem muss man die individuellen Energien und das Thema eines Tattoos bearbeiten und auflösen. Der Tätowierte hat sich freiwillig eine Abbildung mit einem Thema ausgesucht, das er vielleicht sowieso in seinem Leben hätte bearbeiten müssen, oder er hat sich damit noch ein weiteres Thema aufgeladen. Nicht zu vergessen die Energie des Tätowierers. Diese Energie beeinflusst uns noch zusätzlich. Hat er die Abbildung mit Licht und in Liebe eingestochen, oder ist er an andere Wesen gebunden? Wie sieht seine Lebenseinstellung, seine Lebensenergie aus? All dies spielt eine große Rolle, da sich die Tätowierten automatisch in eine subtile Abhängigkeit und Gebundenheit mit dem Tätowierer begeben. Damit möchte ich aber nicht die Tätowierer verurteilen, nur sollte man sich die Menschen genauer ansehen, mit denen man sich freiwillig in eine energetische Abhängigkeit begibt.

Das gleiche gilt natürlich auch für Symbole, die zur Heilung eingesetzt werden. Wer zeichnet sie auf? Welche Symbole sind es? Habe ich ein gutes Gefühl dabei, oder sträubt sich etwas in mir? Der Unterschied zu den Tattoos ist die Dauer der Haltbarkeit. Sind sie zu lange auf unserer Haut, kann es auch bei den heilenden Symbolen zu einer Überreaktion in Form von seelischen oder körperlichen

Beschwerden kommen. Wenn Sie sich selbst Symbole aufzeichnen, gehen Sie nach Ihrer Intuition, und entfernen Sie sie wieder, wenn Sie merken, dass es genug ist. Mit dieser Methode können Sie Ihre Heilung und Transformation unterstützen. Hören Sie auf Ihre innere Stimme, was gut für Sie ist.

# Medikamente und Heilmittel

In erster Linie wird die körperliche Ebene der DNA von Medikamenten jeglicher Art beeinflusst. Höher schwingende Heilmittel, wie zum Beispiel die Hochpotenzen in der Klassischen Homöopathie, Bachblüten und Essenzen verschiedener Art, wirken auf der geistigen und seelischen Ebene, was sich dann auch positiv auf den Organismus und unseren Körper auswirkt. Die naturheilkundlichen Heilmittel in ihrer Ursubstanz oder die niedrigen Potenzen in der Homöopathie beschränken sich auf die körperliche DNA-Ebene. Natürlich können dadurch auch die seelischen und energetischen Ebenen positiv beeinflusst werden, muss aber nicht sein. Die Informationen und Substanzen werden von der körperlichen DNA aufgenommen und verarbeitet und so aufgeschlossen, dass sie optimal wirken. Das ist der Vorteil zu chemischen Medikamenten, die nicht aufgeschlossen werden können, da sie eine zu niedrige Schwingung beinhalten Die eingehenden Daten der naturheilkundlichen Mittel werden genauestens nach ihren Substanzen auf- und eingeteilt und auf die Schwingung innerhalb des Körpers gebracht, die sie benötigen, um den Körper zu heilen. Liest man dazu noch die Informationen über das Mittel oder über seine Heilwirkung, gehen zusätzlich Informationen über die energetische DNA ein. Es stellt sich ein sogenannter energetischer Placeboeffekt ein, der sich aber nur auf die energetische Ebene, unabhängig von der Wirkung des Heilmittels auf der körperlichen Ebene, entfaltet. Deswegen ist es immer gut, die positiven Auswirkungen eines jeden Heilmittels oder Medikaments zu lesen. Das Unterbewusstsein stellt sich energetisch auf die Heilung ein, was den Heilungsprozess noch zusätzlich fördert. Das hat nichts mit dem Placeboeffekt zu tun, den die Wissenschaft der Homöopathie seit jeher vorwirft. Das naturheilkundliche Mittel würde so und so wirken, egal, was wir denken oder glauben.

Vorsicht beim Lesen der Nebenwirkungen auf den Beipackzetteln der schulmedizinischen Mittel, sie können genauso auf unser Unterbewusstsein wirken.

Bei den höheren Potenzen und höher schwingenden Heilmitteln geht die Heilinformation direkt in die energetische und seelische Ebene über, je nach der Höhe ihrer Schwingung. Die Seele und unsere Lebensenergie werden geheilt, und somit auch unser Körper. Denn der Mensch heilt nur von innen heraus, über die Seele, seine Selbstheilungskräfte und sein Bewusstsein. Bei Medikamenten schulmedizinischer Art werden die Informationen nur auf der Körperebene empfangen. Die chemischen Substanzen wirken in ihrer ganzen Bandbreite, egal wo. Ihre Daten können nicht entschlüsselt werden, damit sie nur da wirken, wo es Sinn macht. Auch wenn es schon Medikamente geben soll, die nur in bestimmten Bereichen des Köpers wirken, die gesamte körperliche DNA wird trotzdem mit beeinflusst. Die Schwingung der schulmedizinischen Medikamente ist viel zu niedrig, um sie individuell aufschließen zu können. Ist der Körper stark genug, kann er gut mit den chemischen Substanzen umgehen, die Stoffe abbauen und die nicht mehr verwendbaren Informationen löschen. Um dieses zu unterstützen, sollte man viel stilles gesegnetes Wasser trinken und sich mehr Ruhe gönnen. So wird der Fluss in der DNA aufrechterhalten.

Werden zu viele oder regelmäßig Medikamente eingenommen, wird die innere Kompensierungsschicht zu voll, und die Daten und die chemischen Stoffe lagern sich in die körperliche DNA ein. Sie werden dort und im Körper gespeichert, wie zum Beispiel das Kortison in der Leber. Die Kompensierungsschicht ist keine Schutzschicht, sondern sie bearbeitet lediglich die Informationen und gibt sie in die innere körperliche DNA-Schicht weiter. Auch wenn die schulmedizinischen Medikamente keine positiven Schwingungen und Energien besitzen und den Körper nur reparieren, werden auch diese niedrig schwingenden Daten in den Körper abgegeben oder/und gespeichert. Im Falle einer Speicherung kann es zusätzlich zu einer Wesensveränderung des Menschen kommen. Der Grund dafür ist die überfüllte körperliche DNA; die Informationen werden in diesem Fall in die energetische Ebene abtransportiert und dort gespeichert. Somit wird zusätzlich unser Wesen, unsere Gefühlswelt, unsere Lebensenergie und unser Ego beeinflusst, wir verändern uns. Sind die Medikamente in ihrer Wirkung zu hart und stark, beschädigen sie die körperliche DNA in ihrer Substanz oder zerstören sie gänzlich. Die Energien greifen auf die anderen Ebenen über. Das kann zum Beispiel bei Chemotherapien, bei Gaben von Ritalin, Psychopharmaka und Kortison der Fall sein.

Ein Mensch mit einer zerstörten körperlichen DNA sieht aus wie eine leere, kraftlose Hülle. Die Chemotherapie-Patienten wirken eher durchsichtig, ohne Lebensenergie Die „Ritalin-Kinder" werden zu leeren funktionierenden Körperhüllen. Die ganzheitliche Konstitution spielt dabei eine große Rolle. Jeder reagiert anders auf die Dosierung verschiedener Mittel. Jedoch ist bei den oben genannten Medikationen eine körperliche, energetische und seelische Veränderung regelrecht sichtbar.

Drogen haben eine ähnliche Wirkung, nur verändern sie sofort und gleichzeitig die körperliche, energetische und später die seelische DNA, die Drogensüchtigen fallen regelrecht in sich zusammen. Ein Aufbau und eine Reinigung der körperlichen DNA ist möglich, dauert aber sehr lange.

Die schulmedizinischen Mittel haben zusätzlich noch eine andere energetische Wirkung auf uns und unsere DNA. Hinter diesen ganzen chemischen Medikamenten steckt die Pharmaindustrie, und viele Firmen nutzen ihre Macht, um unsere Gesundheit negativ zu beeinflussen. Diese manipulativen Energien finden sich auch in den Medikamenten wieder. Sie werden in unserem Körper und in unserer Lebensenergie abgespeichert. Viele Medikamente sind nicht darauf aus, uns zu heilen, sondern sie zapfen unsere Energie an, damit wir nicht aus dem Netz des Massenbewusstseins, aus der Angst um unsere Gesundheit ausbrechen können. Natürlich ist es gut, dass es die Schulmedizin gibt und uns in Notfällen mit ihren Medikamenten so hilft und versorgt, dass wir auf der körperlichen

DNA wieder hergestellt werden. Jedoch die Ursache für die entstandene Krankheit oder Beschwerde wird damit nicht geheilt.

Wir können schon während einer schulmedizinischen Behandlung damit anfangen, uns zu fragen, warum wir diese Krankheit bekommen haben. Heilen wir uns auf der energetischen und seelischen Ebene, heilen wir von innen heraus, und so wird auch das Verhaltensmuster oder das Programm, das uns zu dieser Krankheit geführt hat, aufgelöst. Sie kommt nicht wieder. Durch die Frequenzerhöhung der Erde und der Menschen kann es bei einigen jetzt schon vorkommen, dass die schulmedizinischen Medikamente anders oder gar nicht mehr wirken und die Klassische Homöopathie oder andere Essenzen zu niedrig schwingend sind, um eine bestmögliche Heilwirkung zu erzielen. Damit Sie die natürlichen Heilmittel trotzdem optimal für sich nutzen können, malen Sie auf jedes Fläschchen eine rechtsdrehende Spirale oder segnen Sie es, dann erhöht sich die Energie des Inhalts von selbst.

# Drogen

Drogen verändern das Bewusstsein und beeinflussen mehrere DNA-Ebenen gleichzeitig, die körperliche und energetische. Es bedarf keiner regelmäßigen Einnahme, es genügt bereits ein einziges Mal, um die DNA-Schichten zu schädigen. Werden die körperliche und die energetische Schicht bis zu achtzig Prozent zerstört, wird die obere seelische DNA-Schicht angegriffen. Die Verletzung der seelischen Schicht ist so, als wenn die betroffenen Bereiche gelöscht werden. Das heißt, sie sind nicht mehr vorhanden, und die seelische DNA löst sich langsam in Nichts auf. Die Auswirkungen der Drogen und die daraus resultierenden Verhaltensweisen und Emotionen fließen langsam in die freien beziehungsweise aufgelösten Bereiche der Seelen-DNA hinein und übernehmen die Führung über das Leben. Der Drogenabhängige kann Realität und Illusion nicht mehr voneinander unterscheiden, er weiß nicht mehr, wer er wirklich ist. Er wird von den Drogen und seinem EGO gelenkt. Sein Leben, sein Menschsein, hat nichts mehr mit dem wahren ICH zu tun.

Zu den Substanzen in den Drogen kommt außer der körperlichen und finanziellen noch die energetische Abhängigkeit dazu. Dieses sind manipulative Energien der „Mächtigen", die die Drogen herstellen und verkaufen. Hat sich ein Mensch entschieden, Drogen einzunehmen, erteilt er automatisch den Drogenherstellern die Erlaubnis, über ihn zu verfügen. Es werden energetische Schnüre in der körperlichen und energetischen DNA bei den Konsumenten angebracht. Entweder werden sie direkt in der DNA angeschlossen, oder die DNA wird von außen eingeschnürt. Diese Schnüre sehen aus wie Hundeleinen. Die Konsumenten haben damit ihre Macht und Führung über ihr Leben freiwillig an die Dealer abgegeben.

Wenn „nur" die obere seelische DNA-Schicht verletzt ist und sich der Mensch doch noch für einen Entzug und ein drogenfreies Leben entscheidet, muss diese Schicht langsam neu aufgebaut werden. Das ist besonders diffizil, da die aufgelösten seelischen Anteile neu definiert werden müssen. Man baut sich ein vollkommen neues Leben auf, da ein Stück der Identität verlorengegangen ist. Aber erst müssen die giftigen Substanzen aus dem Körper hinaus. Auch die Energieablösung von den Dealern muss vorgenommen werden, sonst hat der Abhängige es sehr schwer, von den Drogen loszukommen. Verbindet er sich aber mit der göttlichen Quelle und geht den Weg in Licht, Liebe und Vertrauen, hat er die Kraft und den Mut, zu heilen und sich den seelischen Ursachen seiner Drogenabhängigkeit zu stellen. Er wird es schaffen, clean zu bleiben und wieder einen Sinn in seinem Leben sehen. Er hat die Chance auf ein neues Leben genutzt. Dazu bedarf es natürlich professioneller Hilfe, die bei diesem Weg begleitend zur Seite steht. Dringen die Drogen weiter in die seelische DNA ein, werden die tieferen Schichten beschädigt, und dann gibt es keine Chance mehr auf einen erfolgreichen Entzug und ein drogenfreies Leben. Die Seele wird Stück für Stück aufgelöst. Diese Menschen haben sich entschieden, diese Welt zu verlassen.

# Handys

Handys, verbunden mit dem Funknetz aller Mobilfunkanbieter, bilden ein weiteres Konstrukt, in dem wir uns permanent aufhalten. Auch wenn viele die negative Ausstrahlung bestreiten, hat diese einen starken Einfluss auf unsere DNA. Telefonieren oder simsen wir mit dem Handy, bilden sich blaue bis grauschwarze Flecke am Rand der körperlichen DNA, die wie ovale Einbuchtungen aussehen. Sie greifen nicht nur die körperliche DNA an, sondern können auch tief in die energetischen DNA-Schichten eindringen. Schon ein längerer Aufenthalt in der Nähe eines Funkmastes reicht für diese unangenehmen „Nebenwirkungen" aus.

Wenn die energetische DNA von diesen Energien bestrahlt wird, hat das einen starken Einfluss auf die Selektierung aller empfangenden Informationen. Die Funkwellen können manipulative Energien und Informationen enthalten, die wir während des Telefonierens nicht abwehren können. Somit ist ein direkter Weg der Energien der Dritten Dimension in unsere DNA freigeschaltet. Bei jedem Telefongespräch wird automatisch eine Tür geöffnet, es werden manipulative Energien gesendet, um die Menschen weiter an das Netz der Dritten Dimension zu binden. Zusätzlich werden das Ego und unsere Gefühlswelt von diesen Energien genährt, da eine enge Verbindung zwischen energetischer DNA und Ego besteht. Zum Glück gibt es bereits viele Symbole, Steine oder Ähnliches zum Aufkleben, die eine Manipulation über diese Frequenzen verhindern und uns vor den Strahlen schützen.

In der heutigen Zeit ist es schwierig für die Machtha-benden, die Menschen weiterhin zu missbrauchen und zu manipulieren. Sie bemerken, dass sich viele nicht mehr manipulieren und beeinflussen lassen. Viele sind erwacht und leben bewusst mit sich, ihren Mitmenschen und der Erde. Die Mächtigen der Dritten Dimension versuchen alles, um die Menschen wieder in die dichte Energie zu ziehen, sie wieder an das alte Konstrukt anzuschließen. Allein schon die fühlbaren Energien, die sich hinter diesen Mobilfunkfirmen verbergen, sind nicht die Energien, die ein liebevolles Miteinander möglich machen.

Gehen wir noch einmal näher auf die Wirkung der Han-dystrahlen auf unsere DNA ein. Die körperliche DNA wird als Erstes angegriffen, die jeweilige Gehirnseite wird wäh-rend des Telefonierens mit den Funkenergien am stärks-ten bestrahlt. Aber alleine das „Bei-sich-Tragen" hat eine enorme Wirkung auf unseren feinstofflichen und ener-getischen Körper. Gerne wird das Handy an bestimmten Stellen getragen, wie zum Beispiel in der Hemdtasche in der Nähe des Herzens oder in der Hosentasche. Diese Strahlen eliminieren hoch schwingende Energien und set-zen die Frequenz der betroffenen Bereiche herunter. Es bilden sich grauschwarze Stellen in beziehungsweise auf unserem Körper und in unseren Auraschichten. An diesen Stellen sinkt die hoch schwingende Energie drastisch. Dort können sich zusätzlich energetische Blasen bilden, die dann weiter unsere feinstoffliche Struktur angreifen, bis wir einen echten körperlichen Schaden davongetra-gen haben. Die niedrig schwingenden Bereiche sind angreifbarer für Energien der Dritten Dimension als die hoch schwingenden.

Die Handystrahlen bestehen, aus energetischer Sicht, aus Mittelwellen, die sich allen anderen Schwingungen, außer sie sind zu hoch, anpassen können und somit eine perfekte Verbindung zu unserer DNA herstellen. Wenn Informationen von den manipulative Kräften gesendet werden, verbinden sich die Wellenlängen mit der energetischen DNA, beeinflussen diese und unser EGO. Nicht immer werden manipulative Informationen gesendet; bleiben diese mal aus, wird „nur" unsere körperliche DNA angegriffen. Telefonieren wir zu lange, sinkt unsere Gesamtenergie, und wir sind nach einiger Zeit geschwächt. Die anderen Verbindungspunkte dieses Energienetzes bestehen aus den Mobilfunkmasten und Zentralen, die so angeordnet sind, dass die ganze Fläche weitmöglichst abgedeckt ist. Dieses Netz strahlt ständig schwächende Energien aus, so ähnlich wie das Netz der Dritten Dimension. Nur hat das „Handynetz" eine höhere Schwingung als die Dritte Dimension und erreicht so mit seiner anpassungsfähigen Funkwelle auch die spirituellen Menschen. Lösen wir uns aus diesem Netz, sind wir nicht mehr für diese manipulativen Mächte angreifbar. Dazu sollten wir noch mehr unsere Aufmerksamkeit auf die göttliche Liebe und das einzigartige Licht in uns lenken, dann sind wir am besten geschützt.

# Bewusste Lebensart und positives Denken

Wenn wir unsere DNA mit positiven Energien „füttern", stärkt sie sich in ihrem Sein. Eine bewusste und optimistische Lebenseinstellung unterstützt unsere DNA in ihrer Transformation in die Fünfte Dimension. Das heißt nicht, dass wir immer nur positiv denken und lustig gestimmt sein sollen, sondern es ist damit die bewusste Auseinandersetzung mit uns und unserer Umwelt gemeint. Bewusst leben heißt auch, zu spüren, was mir guttut und was nicht. Welche Energien von außen beeinflussen mich positiv oder negativ? Welches Fernsehprogramm fördert mich in meinem Sein, und welches behindert mich? Welche Informationen möchte ich aufnehmen?

Das gilt auch für die Nahrung und alles, was wir zu uns nehmen. Ist es reine Nahrung, oder ist sie mit chemischen Zusatzmitteln versetzt? Was tut unserem Körper, unserem Geist, unserer Seele gut? Verbinden wir uns so oft mit der göttlichen Quelle, dass wir uns von ihr ernähren können, oder geben wir uns dem Ego, unseren alten Gewohnheiten und dem Massenbewusstsein hin?

Meditation, bewusstes Leben, positives Denken und ein liebevolles Verhalten uns selbst gegenüber beeinflussen unsere DNA so stark, dass sie sich entwickeln und transformieren kann. Unser Potenzial und unsere Fähigkeiten kommen langsam zum Vorschein. Unsere Schwingung wird erhöht, wir können immer mehr Kristallenergie und göttliches Licht in uns speichern, und es fällt uns zunehmend leichter, im Strahl der göttlichen Liebe zu leben.

Mit einer bewussten und positiven Lebenseinstellung stärken wir unser wahres ICH und unsere DNA im Glanz des göttlichen Seins.

# Multitasking –
## Effektvolles Arbeiten – Burnout

Alles auf einmal zu können, das wäre in der heutigen Gesellschaft und in der Berufswelt am besten. Viele Dinge gleichzeitig zu erledigen, sich keine Denk- oder Ruhepause zu gönnen, das ist das Idealbild von heute. Aber wie lange noch? Wer zu viel auf einmal tut, verwirrt seinen Geist und damit auch seine DNA-Spirale. Man kann sich das so vorstellen: Ohne Pause werden Informationen von innen und außen an unsere energetische DNA geschickt. Diese Informationsflut hört bei einem Arbeiten im Multitasking-Verfahren nicht auf. Das Unterbewusstsein hat nicht genügend Zeit, sie zu selektieren, nicht einmal, um sie in der DNA zwischenzulagern.

Beim Multitasking werden viele Arbeiten gleichzeitig und schnell erledigt, so werden die kurz vorher eingegangenen Informationen teilweise nicht mehr gebraucht. Der Mensch hat im Geist die Dinge abgehakt und beschäftigt sich nicht mehr damit. Er schickt einen unbewussten Befehl an sein Unterbewusstsein, dass er diese Daten nicht mehr benötigt. Dadurch werden die Daten für eine spätere Selektierung auf der DNA nicht zwischengelagert, sondern schweben jetzt in der energetischen DNA herum und warten auf eine Eliminierung seitens des Unterbewusstseins. Das Unterbewusstsein kann diesen Befehl nicht sofort umsetzen, da es ihm an Zeit fehlt und bereits neue Daten im Anflug sind. Es bilden sich kleine Klumpen in der energetischen DNA. Die Infopartikel ziehen sich gegenseitig an, da sie beim Herumfliegen eine gewisse Eigendynamik entwickeln. Sie schließen sich zu Klumpen zusammen und können auf Dauer das ganze System der Selektierung und Verarbeitung der Daten beeinflussen und blockieren. Es entsteht eine energetische Verstopfung. Es handelt sich hier, wohlgemerkt, nur um die Informationen, die von uns als schon erledigt eingestuft wurden, aber aufgrund des Multitaskings hatte das Unterbewusstsein noch keine Zeit, diese zu löschen. Es treten neue Verhaltensmuster auf wie Unzufriedenheit, Erschöpfung, Angstzustände, Krankheiten. Die herumschwirrenden Informationen und Klumpen blockieren den Energiefluss der gesamten DNA.

Eine der bekanntesten Erschöpfungszustände ist das Burnout. Viele Berufstätige leiden an einem Burnout oder sind kurz davor. Die meisten bemerken es gar nicht, dass sie kurz davorstehen „auszubrennen" und arbeiten ständig über ihre Kräfte hinaus. Sie befinden sich in einem energetischen Hamsterrad, das weitergedreht werden muss, weil sie sonst glauben, sonst würde ihr Leben einstürzen. Bei einem Burnout ist die DNA auf allen Ebenen komplett überfordert. Wenn die herumfliegenden Klumpen und die abgelagerten Informationen in der energetischen DNA immer größer werden, breitet sich dieses Chaos langsam und gleichmäßig in alle DNA-Ebenen aus. Es verstopft ebenfalls Körper und Seele. Deswegen dauert es bei Burnout-Patienten so lange, sich zu regenerieren und wieder zu Kräften zu kommen. Die DNA ist auf allen Ebenen erschöpft und verstopft.

Um ein Burnout zu verhindern, sollten wir die Fähigkeit der Aussendung unbewusster Befehle an unser Unterbewusstsein nutzen. Das jedoch funktioniert nur, wenn wir im Jetzt leben, unser Denken ausschalten und uns bewusst einer Sache widmen. Erledigen wir in voller Aufmerksamkeit, ohne Hektik und Stress, eine Aufgabe nach der anderen, kann sich das Unterbewusstsein auf die Tätigkeit und die Informationsflut und unsere Befehle einstellen. Okay, diese Sache ist erledigt, die Daten werden sofort gelöscht, und das Unterbewusstsein stellt sich auf die nächste Tätigkeit ein. So können ein Stau und ein permanentes Herumfliegen der Daten vermieden werden.

Leider ist diese Art zu leben und zu arbeiten in der Berufswelt, in der Gesellschaft und sogar in der Familie oft nicht mehr möglich. Die Menschen sind in bestimmte Strukturen verstrickt, die sie für ein „normales" Leben anscheinend benötigen. Sie denken, dass sie nur so funktionieren, nur so ihre Familien ernähren und ihren Lebensstandard aufrechterhalten können. Aber die Transformation der Erde macht auch vor den Menschen keinen Halt. Wir sind jetzt aufgefordert, in diesem Neuen Zeitalter endlich nach unserem Herzen, in Liebe und in Vertrauen zur göttlichen Quelle zu leben. Fangen wir heute bei uns an, damit wir selbst bestimmen können, wie schnell unsere Transformation vonstatten geht.

# Wirkungen zwischenmenschlicher Beziehungen auf die DNA

Auch die zwischenmenschlichen Beziehungen wirken sich auf unsere DNA aus. Im Umgang mit anderen Menschen werden Energien untereinander ausgetauscht. Es gibt unterstützende, schwächende, stärkende und neutrale Energien, und es gibt partnerschaftliche, gesellschaftliche, berufliche, freundschaftliche und familiäre Beziehungen, um nur einige zu nennen.

## Die partnerschaftliche Beziehung

Die Partnerschaft ist eine Beziehung zwischen zwei Menschen, die es ermöglicht, spirituell an uns zu arbeiten, bis wir bereit sind, die wahre göttliche Partnerschaft zu leben. Die Beziehung ist ein wunderbares Arbeitsfeld für unsere persönliche Weiterentwicklung. Alle unsere Glaubensmuster, Programme und Gedanken spiegeln sich in dem Verhalten unseres Partners wider. Wir selbst sind der Auslöser für die jeweiligen Reaktionen des anderen. Erkennen wir diese Chance, an uns selbst zu arbeiten, kann eine wahre göttliche Partnerschaft daraus entstehen. Eine göttliche Partnerschaft ist die größte Erfüllung für unsere Seele und gibt uns die Möglichkeit, uns vollkommen zu entfalten und unser wahres Sein zu leben. Dieses kann mit unserem derzeitigen Partner geschehen oder mit einem neuen.

Bei einer körperlichen Vereinigung verbinden sich die körperliche und die energetische DNA. Energien und Informationen werden mit dem Partner ausgetauscht, ihre Energiefelder vermischen sich und bilden eine neue Energie. Dieses kann eine stärkende oder eine schwächende Energie sein. Sind negative Energien, alte Programme, alte Verhaltensweisen und energetische Blockaden vorhanden, geraten wir durch diesen körperlichen Energieaustausch in eine emotionale und energetische Abhängigkeit. Einige mehr, andere weniger.

Sogar Seelenanteile können freiwillig an den anderen abgegeben werden, wie zum Beispiel „Macht" oder „Verantwortung". Verbindungen werden gestrickt, unausgewogene Machtverhältnisse entstehen und beeinflussen uns in unserem Leben und in unserem Sein. Wenn die Abhängigkeit zu groß geworden ist, kann es zu schwerwiegenderen Blockaden in der DNA kommen, wie zum Beispiel Farb- und Energieveränderungen, energetischen Verstrickungen und Besetzungen. Diese emotionalen Abhängigkeiten und Verstrickungen geben uns die Möglichkeit, an uns und unserer Transformation zu arbeiten, bis wir es gelernt haben, in Licht, Liebe und Freiheit, ohne Erwartungen und Bedingungen, miteinander zu leben.

Leben Sie Ihre Beziehung auf dieser göttlichen Ebene, unterstützen Sie sich gegenseitig in Ihrem Sein, und neue Potenziale werden in der seelischen DNA-Ebene erschlossen.

# Die Seelenvereinigung

Eine Seelenvereinigung entsteht durch eine körperliche Vereinigung zweier Seelenpartner. Die Energien in den jeweiligen DNA-Strängen schwingen in der gleichen Frequenz. Sie sind Partner aus früheren Leben, und es besteht noch ein feines energetisches Band zwischen den beiden seelischen DNA-Ebenen. Diese Verbindung wird durch ein erneutes Zusammentreffen verstärkt und reaktiviert. Es ist ein Gefühl des sich „Schon-ewig-Kennens" und des „Wie-elektrisiert-Seins". Sie spüren eine sehr starke Verbindung und ein vertrautes Gefühl zueinander.

Während einer Seelenvereinigung werden verschiedene Daten ausgetauscht. Dieser Informationsaustausch ist individuell, je nach Karma, Lebensaufgabe und momentaner Situation. Alle DNA-Ebenen verbinden sich miteinander, Eigenschaften werden gestärkt und innewohnende Potenziale geöffnet. Dieses geschieht auf einer sehr hoch schwingenden sensitiven Ebene und ist kaum spürbar. Wird die wahre göttliche Liebe miteinander gelebt, so trennen sich die Seelen nach der körperlichen Vereinigung wieder. Jeder kann sich so wieder auf sich konzentrieren und seinen Lebensweg gehen. Die Seele ist frei von jeglichen Verstrickungen oder Energien des anderen, nur die Herzensverbindung bleibt bestehen. Das heißt nicht, dass die Partner getrennt leben und nur ihre eigenen Ziele verfolgen, sondern sie geben sich den Raum, den sie zur freien Entfaltung ihres Seins benötigen.

In der heutigen Zeit und vor allem in der Vergangenheit war es oft nur einem Partner vergönnt, seine Bedürfnisse und Wünsche zu verwirklichen. Leben beide in bedingungsloser Liebe, können sie ihr wahres ICH entfalten und leben. Neue Wege, Energien, Bewusstseinsarten und Dimensionen eröffnen sich ihnen.

# Gesellschaftliche, berufliche und freundschaftliche Beziehungen

Bei diesen Beziehungen findet die Begegnung nur auf der energetischen DNA-Ebene statt. Natürlich ziehen wir auch bei diesen Arten von zwischenmenschlichen Beziehungen die Menschen an, die für unser persönliches Wachstum wichtig sind. Sie geben uns die Möglichkeit, über unsere innere Einstellung, Emotionen und Verhaltensmuster nachzudenken. Alte Programme oder Verhaltensmuster werden automatisch eingeschaltet, wenn wir auf das passende Gegenüber treffen. Wir begegnen immer den Menschen, die genau unser Verhalten oder unsere Erwartungen spiegeln. Ist ein Gegenüber nur auf sich bedacht, sind wir dazu aufgerufen, mehr Aufmerksamkeit auf uns selbst zu richten. Fühlen wir uns minderwertig, lassen uns andere genau das spüren. Möchten wir unbedingt, dass sich jemand bei uns meldet, meldet sich derjenige erst recht nicht. Das sind nur einige Beispiele zur Verdeutlichung des alltäglichen Spiegels unseres Verhaltens. Nun können wir der Sache auf den Grund gehen und Programme löschen und unsere inneren Einstellungen ändern.

Leider werden zwischen den Menschen immer noch zu viele energetische Schnüre geworfen, da Emotionen wie Neid, Eifersucht und Angst in unserer Gesellschaft noch vorherrschen und das Ego den Alltag bestimmt. Die ursprüngliche Seelenfarbe kann sich bei diesen energetischen Abhängigkeiten verändern, wie schon bei den partnerschaftlichen Beziehungen. Auch die Schwingung und

Lebensenergie kann sinken. Menschen, mit denen wir engere Bindungen eingehen wie Freundschaft, Partnerschaft usw., haben immer mit unserem persönlichen Wachstum zu tun. Wir ziehen die Menschen in unser Leben, an denen wir etwas lernen können. Einige weisen uns unbewusst auf noch bestehende Blockaden oder Verletzungen hin, andere fördern unser Wissen, unsere Kreativität und Talente und stärken uns.

# Familiäre Beziehungen

In familiären Beziehungen spielen unter anderem die Familiensysteme der Ahnen eine große Rolle. Bestehen immer noch konfuse und gestörte Familienstrukturen, greifen diese auch auf die DNA über. Diese Blockaden sehen wie Stricke und Verknüpfungen aus, die mit einzelnen lebenden und/oder verstorbenen Familienmitgliedern verbunden sind, verwoben mit dem alten Familiensystem. Da dieses System seit unserer Geburt vorhanden ist, ist es besonders schwierig, sich in Liebe daraus zu lösen.

Das energetische Band der Familie ist sehr stark und zieht sich durch alle Generationen. Herrschen dort Unstimmigkeiten, Disharmonien und Streitereien, haben diese eine große Auswirkung auf unsere DNA, auf unser Sein. Teilweise sieht das so aus, als würde ein komplettes energetisches Gitter unsere DNA umkleiden, das das Entfalten unseres Selbst, unseres Potenzials, nur begrenzt möglich macht. Die Gitter haben zusätzliche energetische Fäden, die sich an einzelne Seelenanteile und Potenziale in der energetischen und seelischen DNA-Ebene andocken. Diese Fäden blockieren die Eingangspforten dieser Bereiche, damit sie nicht aufgeschlossen werden können. Auch wenn wir die energetischen Schlüssel bereits in unserer Hand halten, um diese Türen zu öffnen, sind sie von den Verstrickungen des Familiensystems blockiert. Wollen wir uns aus diesem gesamten Konstrukt lösen, müssen wir erst eine innere Balance in dem Familiensystem herstellen und bestehende Blockaden auflösen.

Die Gründe für bestimmte Blockaden können unter anderem sein, dass wir nicht auf dem für uns zugedachten Platz stehen, wir vielleicht eine andere Rolle angenommen haben, die nicht unsere ist, oder wir haben das Schicksal eines Familienangehörigen übernommen. Oft werden auch familiäre Blockaden vererbt beziehungsweise automatisch an die Nachkommen übertragen, da die vorherige Generation es nicht geschafft hat, diese zu transformieren. Haben wir diese familiären Energien harmonisiert und die ursprünglichen göttlichen Strukturen wieder hergestellt, können wir anfangen, das Gitter um uns aufzulösen.

Oft bemerkt die Familie schnell, wenn ein Mitglied aus dem alten System ausbrechen will. Dieses wird oft wieder zurückgeholt und an den gewohnten Platz des alten Familiensystems gestellt. Dieses Familienmitglied, das im Begriff ist, sich zu transformieren, wird immer wieder mit seinen alten inneren und äußeren Mustern konfrontiert, bis er/sie es geschafft hat, sich davon vollkommen zu lösen. Das Lösen aus den alten Familienstrukturen heißt nicht, dass wir keinen Kontakt mehr zu unserer Familie haben, sondern wir eine neue Form geschaffen haben, in der wir in Liebe und im Sinne der neuen Energie der Fünften Dimension miteinander leben können. Endlich sind wir frei von alten, überholten Strukturen, wir können unser wahres ICH leben und unserer Berufung folgen.

# Eltern-Kind-Beziehung

Besonders die Verbindung zwischen Eltern und Kindern ist sehr stark und eng. Herrschen dort Streit, Unstimmigkeit, Missbrauch oder sogar Verstoßung, dann ist es ein langer Weg, um wieder in Frieden und Liebe mit sich, seiner Familie und seinen Mitmenschen zu leben. Die DNA kann sogar so stark darunter leiden, dass sie an Glanz, Energie und Größe (beziehungsweise Breite) verliert. Bei körperlichen und/oder seelischem Missbrauch verblassen die ursprünglichen Farben der DNA, ihre Energie nimmt ab. Zudem ist sie in vielen Fällen mit dem energetischen Familiengitter umsponnen und blockiert so die Lebensfreude und Energie. Oft leben diese Kinder und Erwachsenen in Opferrollen, die unter anderem aus diesen energetischen Gittern und Verstrickungen der Eltern hervorgehen. Der Wille und die Lebensenergie werden dadurch sehr stark beeinträchtig. Zum Glück gibt es gute Therapeuten, Heilpraktiker und Heiler, die den Menschen auf einfühlsame Art und Weise helfen, diese Bande aufzulösen, um wieder in energetischer Harmonie mit sich und seinen Eltern zu leben. Das Harmonisieren der Familienstruktur ist einer der wichtigsten Bereiche in unserem Transformationsprozess.

# Fremdenergien

Auch Fremdenergien können unsere DNA besetzen. Schnüre, Verstrickungen, die uns mit anderen Menschen verbinden beziehungsweise an sie binden. Menschen, die von uns Energie abzapfen, die uns nicht loslassen wollen. Menschen, die ihre Macht missbrauchen, andere misshandeln, Neid, Eifersucht, aber auch Menschen, die Verlustängste hegen oder sich nach Liebe und Anerkennung sehnen. Sie alle werfen unbewusste energetische Schnüre aus, damit sie über andere Kontrolle haben. Dieses geschieht meistens unbewusst. Leider können wir uns selbst nicht davon ausschließen, da jeder energetische Seile geworfen hat oder noch wirft. Diese alltäglichen Verstrickungen bleiben erst einmal an unserem Energiekörper und unseren Auraschichten hängen und verheddern sich nicht gleich in unserer DNA. Sie können problemlos abgelöst werden. Besetzungen jedoch sind nicht so leicht zu lösen, es sind Fremdenergien, die sich in den Körper und Organen festgesetzt haben.

Jegliche Art von Besetzung findet sich als Kopie auf der jeweiligen DNA-Schicht wieder. Alle DNA-Schichten können betroffen sein. Die Besetzung ist als dunkler Schatten, schwarzer Punkt oder Schnur zu erkennen. Am einfachsten sind sie zu finden, indem wir uns die äußere DNA-Spirale ansehen. Um diese Fremdenergien ins Licht zu schicken oder die verstrickten Verbindungen zu trennen, bedarf es Vorsicht und guter Kenntnis darüber. Deswegen bittet die Galaktische Föderation darum, einen

Heiler, Lichtarbeiter oder Schamanen für diese Energie-ablösung hinzuzuziehen. Menschen, die sich in Abhängig-keiten gebracht haben, sei es in seelischer, energetischer, körperlicher oder finanzieller Form, sind umgeben von fremden Schnüren, die sie daran hindern, in Freiheit ihren Weg zu gehen. Diese Menschen müssen nach einer Ener-gieablösung erst wieder lernen, auf ihre eigene Intuition zu hören.

Die DNA-Schichten können ganz unterschiedlich von Fremdenergien betroffen sein. In die tiefen seelischen DNA-Schichten ist es fast unmöglich, Fremdenergien zu platzieren. Sind sie jedoch in die tieferen seelischen Schichten eingedrungen, sind dieses schwerwiegende Besetzungen, die allerdings nicht sehr oft vorkommen. Sie stammen meistens von früheren Leben, oder sie haben sich während des Geburtsvorgangs oder in Schocksitua-tionen festgesetzt. Während der Geburt ist die Gefahr am größten, da wir in dieser Phase am verwundbarsten sind. Bei manchen Schocksituationen, wie zum Beispiel bei ei-nem Unfall oder einem plötzlichen großen Schmerz, kann manchmal das Gegenteil eintreffen, die Fremdbesetzun-gen entweichen aus der DNA und dem Körper.

Viele Besetzungen in der körperlichen und energeti-schen DNA sind so fest verankert, dass körperliche Be-schwerden oder Krankheiten auftreten können. Diese Menschen werden aus unerklärlichen Gründen krank. Kei-ner weiß aus medizinischer Sicht die Ursache dafür. Diese Fremdenergien blockieren den Energiefluss in unserem Körper und unserer DNA. Oft wird unsere Lebensenergie über Jahre davon beeinflusst, und eine stetige Energieminderung tritt ein. Körperliche Beschwerden machen sich bemerkbar, und psychische Veränderungen können auftreten.

Auch psychische Erkrankungen sollten wir von der energetischen Seite betrachten und Fremdbesetzungen ebenfalls als Ursache in Betracht ziehen. Würden wir eine Energieablösung bei den Betroffenen vornehmen, würden viele psychiatrische Anstalten leer sein. Bei den psychisch erkrankten Menschen hat sich die Besetzung hauptsächlich in die energetische DNA eingenistet. Sie breitet ihre Energie so weit aus, dass fast keine Informationen mehr von außen aufgenommen werden können. Da die energetische DNA eine starke Verbindung zu unserem Gehirn und zu unserem Ego hat, glaubt der betroffene Mensch den Gefühlen der Besetzung, beziehungsweise er denkt, er wäre wirklich diese Fremdenergie. Diese energetische Blockierung hat die Macht über die energetische DNA und über das Ego übernommen. Die Menschen können nicht mehr erkennen und unterscheiden, wer sie wirklich sind. Fremde Energien bestimmen sie von innen heraus, aus ihrer DNA. Hat sich die Fremdenergie so weit in der energetischen DNA ausgebreitet, dass keine Informationen mehr durchkommen, reißt die Verbindung nach außen hin ab.

Die Ärzte von heute versuchen, die Menschen mit starken Medikamenten zu heilen und ihren Körper und Geist zu harmonisieren Die chemischen Mittel jedoch lähmen die DNA-Schichten, den Körper und das entsprechende Organ, wie zum Beispiel das Gehirn. Die betroffenen Menschen haben schon lange keine Anbindung mehr zur göttlichen Quelle, da sie selbst die seelische DNA ignorieren. Sie verbinden sich nicht mehr mit Gott, sondern mit ihrer Besetzung. Die Verbindung zwischen Ego und energetischer DNA, in diesem Fall die Fremdenergie, ist so diffizil, dass schnell eine fremde Wirklichkeit angenommen wird. Der einzig bestehende Weg, die seelische Ebene über die energetische DNA mit Energie zu versorgen, ist damit vollkommen blockiert. Energien aus der Natur, von Tieren, von anderen Menschen dringen nicht mehr zur Seele hindurch. Die Menschen mutieren zu medikamentösen manipulierten leeren Hüllen, ohne eigenes Leben.

Diese schweren Besetzungen sind zum Glück nicht alltäglich. Leichtere Besetzungen kommen jedoch häufiger in unserer Gesellschaft vor. Zudem hat jeder Mensch Verstrickungen und energetische Schnüre um sich, das bringen der Alltag beziehungsweise die zwischenmenschlichen Beziehungen so mit sich. Aber wie können wir uns vor diesen energetischen Angriffen schützen? Wenn wir in Liebe mit uns und unseren Mitmenschen leben, ohne Erwartungen und Sehnsucht nach Liebe und Anerkennung. Wenn wir es schaffen, uns für andere zu freuen und ihnen die absolute Freiheit zum Leben geben, unsere eigene Grenzen wahren und für uns selbst einstehen, dann sind wir beschützt, denn wir haben aufgehört, mit energetischen Schnüren nach anderen zu werfen.

# Die Kinder der Neuen Zeit und ihre DNA

Die Kinder der Neuen Zeit haben eine besondere DNA, sie unterscheidet sich in ihrer Struktur, Zusammensetzung und Form. Diese Kinder werden Indigo-, Kristall- oder Regenbogenkinder genannt, sie sind von Geburt an optimal an die göttliche Quelle angebunden. Diese außergewöhnliche Verbindung bleibt immer bestehen, außer sie wird von Medikamenten oder alten Erziehungsmustern und Gesellschaftsformen verschleiert oder sogar komplett unterbrochen Diese Kinder kommen mit besonderen spirituellen Fähigkeiten und Begabungen auf die Welt. Sie sind kleine Genies, die leider oft verkannt oder nicht entdeckt werden. Sie sind in bestimmten Bereichen besonders begabt. Diese Stärken sollten auf alle Fälle gefördert werden. Leider wird im noch bestehenden alten Schulsystem in allen Fächern eine gleich hohe Leistung erwartet, die diese Kinder unter einem gewissen Druck nicht immer erbringen können. In diesem Fall sind Lehrer und Eltern gefragt, sich neuen Lehrmethoden zuzuwenden. Freie Entscheidungsmöglichkeiten und Kreativität sind gefragt. Alte Erziehungsstrukturen der Eltern geben den Kindern nicht die nötige Unterstützung, sich auf ihre Art und Weise entwickeln zu können.

Die DNA dieser Kinder unterscheidet sich in ihrer Art, Form und Zusammensetzung von anderen Menschen. Ihre seelische und energetische DNA-Schicht ist stärker ausgeprägt als die körperliche. Sie ist anders zusammengesetzt und besitzt eine individuelle Form. Die Zellen drehen sich bereits in die göttliche Richtung. Die tiefen Schichten der seelischen DNA sind frei von Abdrücken oder negativen Speicherungen aus alten Leben. Lediglich an der Oberfläche können sich einige leichte Einbuchtungen befinden, die aber leicht zu lösen sind. Die Kristallenergie ist schon integriert, und sie glitzert in ihrem vollen Glanz.

Die DNA besteht aus verschiedenen Farben, je nachdem, welchen Charakter und welche Lebensaufgabe das Kind hat. Auch das Aussehen der DNA-Stränge kann sich von verschiedenen Kristallformen bis zur gewohnten DNA Spirale verändern, je nachdem, in welchen Lebensphasen sich das Kind befindet. Die Kinder besitzen eine wandelbare DNA. Sie sprühen vor Kreativität, Intelligenz und Energie. Sie sind die Kinder der neuen Generation, und sie wissen, wie das neue Leben in der Fünften Dimension funktioniert. Schaut man lange in ihre Augen, spiegelt sich tiefe und alte Weisheit wider. Leider erkennen nur wenige, dass diese Kinder unsere große Hoffnung sind, damit wir uns in der neuen Welt zurechtfinden können.

Ihre Wahrnehmungsfähigkeit ist größer als bei anderen Menschen, deswegen nehmen sie mehr Informationen auf als andere. Sie haben die Fähigkeit, zwischenmenschliche Energien zu spüren, wahr- und aufzunehmen. Sie können sich nicht abgrenzen, da es für sie selbstverständlich ist, diese spirituellen Informationen entgegenzunehmen. Diese, für viele nicht spürbaren Energien, werden von der seelischen und teilweise der energetischen DNA sofort aufgenommen. In der Fünften Dimension wird diese Fähigkeit umso mehr benötigt, damit wir in Harmonie und Liebe miteinander leben können. Sie kommunizieren auf zwei Ebenen mit ihrer Umwelt, der energetischen und der seelischen. Leben sie ausgewogen und in Harmonie mit ihrer Umwelt, lernen sie mit der Zeit intuitiv, welche Informationen wichtig für ihr Leben sind und können die unwichtigen Informationen vorher abblocken. Sie wissen bereits früh, was sie in ihrem Leben vorhaben und was ihre Lebensaufgabe ist.

Diese Kinder haben eine andere Sicht- und Denkweise. Sie haben kein Bewertungssystem in sich wie viele Erwachsene, sondern sehen unbewusst alles aus einer höheren Warte, sie haben den Blick des Großen Ganzen. Sie setzen sich nicht mit alten Strukturen auseinander, da sie diese nicht als logisch ansehen können. Was sie nicht nachvollziehen oder verstehen können, ist unwichtig für sie, zum Beispiel Regeln oder Befehle; es fällt ihnen schwer, diese zu verstehen und sie in die Realität umzusetzen. Sie können sich nicht in diese alten Denkmuster hineinversetzen, geschweige denn verstehen. Sie müssten ihre Eigenschwingung herabsetzen und sich der niedrig schwingenden Frequenz anpassen. Das würde einen enormen Energieaufwand für sie bedeuten, so, als müssten sie einen anderen Sender einstellen. Sie leben nach ihrem Herzen, nach ihrer Intuition und danach, was ihnen Spaß macht; dieses empfinden sie als wichtig und richtig für sich. Sie können ihr Verhalten und ihre Entscheidungen selbst nicht erklären, warum auch?

Viele Kinder werden wegen ihrer Andersartigkeit als Außenseiter abgestempelt. Dennoch halten sie den

Schlüssel für das Neue Zeitalter in ihren Händen. Sie helfen uns, unsere alten Programme, Blockaden und Strukturen aufzulösen, um in Liebe miteinander zu leben. Durch sie können wir lernen, anders zu denken und uns auf einer höheren Stufe weiterentwickeln. Sie sind ein kostbarer Spiegel für ihre Mitmenschen. Ihre seelische DNA besteht nicht nur aus neuartigen Seelenanteilen, sondern auch aus verschiedenen Energien Aufgestiegener Meister/ Meisterinnen, Engel- oder anderen Lichtwesenanteilen, je nachdem, welche Lebensaufgabe sie erfüllen wollen. Sie können bewusst und unbewusst diese Energien verwenden. Diese Energien spiegeln sich auch in ihrer Aura wider und beeinflussen ihr Leben und ihren Werdegang. Die neuen Seelenanteile sind wie die alten in der seelischen DNA angelegt, nur dass sie eine feinere Frequenz als die „normalen" Seelenanteile aufweisen. Diese neuen Lichtseelenanteile repräsentieren Fähigkeiten, die wir noch nicht kennen und uns nicht vorstellen können. Es stecken viele spirituelle Begabungen dahinter, die für uns momentan nicht begreifbar wären.

In China werden diese Kinder erkannt, gefördert und in ihren Fähigkeiten unterstützt. Telepathie, Materialisierung von Dingen, Verbiegen von Gegenständen, Manifestieren von Gedanken und Wünschen werden trainiert. Hoffen wir, dass mit den Kindern und ihren Talenten verantwortlich umgegangen wird, denn diese mächtigen Kräfte können ebenfalls missbraucht werden. Unsere Aufgabe ist es, mehr auf die Kinder der Neuen Zeit zu hören, sie zu unterstützen und in ihrer Einzigartigkeit zu fördern. Sie haben oft versteckte Hinweise für uns parat, damit wir uns weiterentwickeln können. Was gibt es Schöneres, als von weisen Seelen ein Zeichen für unseren weiteren Lebensweg zu bekommen? Feiern wir diese Kinder in ihrer Einzigartigkeit und hören wir ihnen aufmerksam mit Achtung und Ernsthaftigkeit zu, dann werden wir sicher auf unseren goldenen Lebensweg geführt.

# ADS/ADHS bei Kindern und ihre DNA

Die sogenannten ADS/ADHS-Kinder sind die in ihrer Energie und ihrem Sein unterdrückten Kinder der Neuen Zeit. Sie wurden in Familien hineingeboren, die ihre Hilfe benötigten, um alte Strukturen und Verhaltensmustern bei ihren Eltern und Großeltern aufzubrechen. Wie im vorherigen Kapitel schon angesprochen, weisen sie eine erhöhte Wahrnehmungsfähigkeit in mehreren Ebenen auf und empfangen somit mehr Informationen als andere Menschen. Leider können sie sich noch nicht genug vor dieser Informationsflut abgrenzen und schützen. Empfangen sie zu viele Informationen, stellt sich eine Müdigkeit ein, die als Konzentrationsschwäche verkannt wird. In Wirklichkeit werden drei DNA Stränge, der energetische, der körperliche und der seelische, gleichzeitig beansprucht, was eine immense Konzentrationsstärke voraussetzt, da sie auf drei Ebenen mit ihrer Umwelt kommunizieren.

Die Kinder haben kein Bewertungssystem in sich, sie denken, dass alle Informationen wichtig für sie sind und speichern sie sofort in der energetischen DNA ab. Besonders die energetische DNA wird mit Informationen vollgestopft, so dass ein normaler Energiefluss nicht mehr möglich ist. Sind zu viele Informationen in der energetischen DNA unterwegs, oder werden eine Vielzahl davon auf einmal abgespeichert, breiten sich die „unverdauten Daten" in die anderen DNA-Schichten aus. Körperliche und seelische Beschwerden stellen sich ein. Die DNA ist hoffnungslos überfüllt und verstopft, und das Unterbewusstsein und das Bewusstsein sind vollkommen mit dieser Situation überfordert. Der normale Zustand der DNA ist immer auf einhundert Prozent Aufmerksamkeit und Wahrnehmung eingestellt, somit können sie nicht unterscheiden, welche eingehenden Informationen wichtig oder unwichtig für sie sind. Es entsteht langsam ein energetisches, und später ein körperliches und seelisches Chaos. Erst mit der Zeit lernen sie, die Daten von unwichtigen und wichtigen zu unterscheiden. Sie benötigen genügend Ruhephasen, um diese Selektierung zu lernen und vorzunehmen. Meditation, Yoga für Kinder oder Autogenes Training bieten sich dazu an. Wenn diese Kinder diese Art von Ruhepausen nicht mögen, sollten sie sich mit einer Sache beschäftigen, die sie wirklich interessiert, die ihnen Spaß bereitet und in die sie abtauchen können, zum Beispiel Lego bauen oder zeichnen. In dieser Zeit können sie völlig im Hier und Jetzt leben, sich mit ihrer göttlichen Kreativität verbinden und ihrem Unterbewusstsein die Chance geben, sich zu erholen und die Selektierung der eingegangenen Informationen vorzunehmen.

Unwichtige Informationen, die schon abgespeichert waren, werden nicht mehr vom Unterbewusstsein alleine gelöscht, sondern sie müssen bei diesen Kindern zusätzlich durch Bewegung abgebaut werden. Deswegen zeigen viele Kinder einen erhöhten Bewegungsdrang. Das ist mit ein Grund für die sogenannte Hyperaktivität. Neben den Ruhephasen ist es wichtig, dass sie viele Möglichkeiten haben, sich zu bewegen, zum Beispiel in einem Sportverein, im Freien spielen, Fahrradfahren usw....

Natur und frische Luft bewirken wahre Wunder. Fernsehen ist eher schlecht, außer es sind gut ausgewählte Sendungen ohne Gewalt- und Angstenergien und mit wenigen Werbeunterbrechungen. Zu der Konzentrationsschwäche folgt meistens eine Störung der Kommunikation nach außen. Sie können ihre Umwelt nicht einschätzen und wissen nicht mehr, wie sie reagieren sollen. Oft können sie das Verhalten der Erwachsenen nicht einordnen oder gar verstehen, da es für sie unlogisch ist. Das ist so ähnlich wie bei autistischen Kindern. Sie fühlen sich wie auf einem anderen Planeten, auf dem sie die dort bestehenden Verhaltensweisen nicht verstehen können. Wird mit diesen Kindern nicht dementsprechend umgegangen, nehmen ihre seelischen und körperlichen Beschwerden zu. Ihre Überreaktion, der Wunsch nach Aufmerksamkeit, ist ein Hilferuf nach außen. Sie fühlen sich missverstanden und nicht ernst genommen. Dadurch sehen sie keine andere Möglichkeit, sich zu wehren oder mit dem Außen zu kommunizieren, als sich mit rabiaten Verhaltensweisen bemerkbar zu machen. Sie wollen gehört werden. Dieses Benehmen ist mitunter ein wunderbarer Spiegel für die Eltern und die Gesellschaft. Diese Kinder haben es sich zur Aufgabe gemacht, alte und starre Strukturen in ihrer Familie aufzubrechen. Manchmal flüchten diese Kinder aus ihrer missverstanden Welt in Computerspiele, um sich ihre eigene, ertragbare Welt auf längere Zeit zu erschaffen. Viele begeben sich in ihre eigene Traumwelt und werden immer verschlossener. Dieses sind dann die Träumer unter ihnen.

Nicht alle weisen ein auffälliges Verhalten auf. Würde man die Kinder in ihren individuellen Fähigkeiten fördern, würden sie zu kleinen Genies heranwachsen und einen unbezahlbaren Schatz für die Menschheit darstellen. Sie haben schon Schwierigkeiten genug, sich in der Welt der Dritten Dimension zurechtzufinden, denn sie haben eine komplett andere Weltanschauung als die „Erwachsenen". Sie sehen vieles von einem anderen Standpunkt, von einer anderen Warte aus. Werden diese wertvollen Kinder nun mit Ritalin (Methylphenidat) oder ähnlichen Medikamenten vollgepumpt, verschleiert sich langsam ihre Verbindung zur göttlichen Quelle und zu ihrer Kreativität. Mit der Medikation verändern sie ihr Verhalten, sie werden zwar ruhiger und können sich anscheinend besser konzentrieren, aber ihre Lebensquelle und ihre Kreativität werden gedämpft oder komplett unterbunden. Ihre Lebensfreude und Lebenskraft verschwinden langsam im Nebel der Wirkung der Medikamente.

Warum müssen sich kleine Kinder ändern, wenn schon lange die Gesellschaft an der Reihe ist, sich zu transformieren? Ritalin ist das legale Kokain für Kinder und Jugendliche. Die DNA der ADS/ADHS-Kinder ist identisch mit der DNA der Kinder der Neuen Zeit. Natürlich unterscheiden sie sich in ihrer Individualität voneinander. Diese komplexe Zusammensetzung der DNA ist nicht zu erfassen. Werden diese Kinder in alte Verhaltensmuster und Formen hineingepresst, bekommt die DNA eine Art Einschnürung von außen. Die DNA wird in regelmäßigen Abständen zusammengepresst und verhindert so eine Weiterentwicklung des Kindes. Kommt noch eine Medikation dazu, wird die körperliche DNA so weit verschleiert, dass das Empfangssystem nach außen gestört wird. Es kommen nur bestimmte Informationen, die der Medikamente angepassten Schwingung, in die energetische DNA-Ebene. Somit empfangen sie nur niedrig schwingende und manipulierte Daten. Alle Arten der Wahrnehmung werden komplett eingeschränkt. Sind die Medikamente in ihrer Wirkung zu hart und zu stark, beschädigen sie die körperliche DNA oder zerstören diese ganz. Die Energien greifen auf die anderen Ebenen über. Körperliche, energetische und seelische Veränderungen sind regelrecht sichtbar. Besonders an der nicht mehr gelebten und umgesetzten Kreativität ist das zu erkennen. Hat ein Kind vor der Medikation viel gemalt und viele Ideen gehabt, sind diese nun unterdrückt und verschollen. Ritalin ist eine Droge wie Kokain, Speed und Ecstasy, und somit werden die körperlichen und energetischen DNA-Ebenen gleich beeinflusst. Hinzu kommt noch der gestörte Empfang über die energetische DNA. Alle Ebene sind verschleiert, benebelt und nach allen Seiten abgeschnitten. Nach außen erscheint es für die Menschen als „normal", dabei ist dieses kleine Wesen zu einer funktionierenden leeren Hülle geworden. Die DNA ist zu einer Art „verschleierter Brei" geworden. Nichts geht mehr. Können wir das wirklich verantworten?

Wenn jeder versucht, ein neues Denken und Verhalten den Menschen, Eltern und Lehrern näherzubringen, können wir es schaffen, neue Formen in Schule und Gesellschaft zu kreieren. Um es erst gar nicht so weit kommen zu lassen, sollten die betroffenen Eltern offen für neue Verhaltens- und Denkweisen sein. So könnten wir diesen Kindern am besten und am schnellsten helfen. Denn es war nicht vorgesehen, dass diese Kinder trotz ihrer Lebensaufgabe, die Gesellschaft und ihre Strukturen zu verändern, so viel um ihr einzigartiges Sein kämpfen müssen. Also, seien wir bereit für neue Lebensformen.

# Koma und Amnesie

Bei einem Koma ist eine direkte und intensive Verbindung zur göttlichen Quelle gegeben. Oft flüchten sich diese Seelen in eine Auszeit und eine andere Welt, da sie die wirkliche Welt nicht mehr verkraften können. Die körperliche DNA wird nur mit den nötigsten Energien versorgt, so kann die Seele befreit leben. Der Seelenkörper ist bei diesen Menschen aus dem Körper getreten. Auf der DNA-Ebene wird die seelische DNA-Schicht am stärksten mit göttlicher Liebe genährt. Die körperliche und energetische DNA treten in den Hintergrund. Man muss aufpassen, dass sich in der Zeit des Komas die DNA Ebenen nicht voneinander trennen. Deswegen sind Physiotherapie und die Aufmerksamkeit von Angehörigen sehr wichtig, um den Kontakt zur Erde und dem Leben nicht zu verlieren. Dabei hilft es, den Komapatienten in das Familienleben mit einzubinden und ihn am täglichen Geschehen teilnehmen zu lassen. So kann die Seele nicht ganz verschwinden.

Wir sind alle mit einer energetischen Nabelschnur mit der Erde verbunden, die uns zwar einigen Spielraum gibt zu agieren, aber im Falle eines Reißens sterben wir. Wenn sich die seelische DNA von den anderen DNA-Ebenen trennt, bedeutet das die Durchtrennung der energetischen Nabelschnur. Den Komapatienten müssen wir Geduld entgegenbringen und ihnen den Zeitpunkt des Erwachens selbst überlassen. Jeglicher Druck würde das Aufwachen hinauszögern. Wir müssen ihre Entscheidung akzeptieren, dass sie sich aus dieser Welt geflüchtet haben. Die Seele hat sich eine Auszeit genommen, um zu regenerieren und zu heilen.

Bei Amnesiepatienten ist es wieder anders. Diese Menschen haben entschieden, sich ihr Leben neu aufzubauen und die Vergangenheit zu vergessen. Bei einer Amnesie werden alle Daten auf der „Festplatte" der energetischen DNA gelöscht. Das „neue" Leben ist ein unbeschriebenes Blatt, ein Neustart. Sie haben sich in ihrem alten Leben nicht wohlgefühlt, vielleicht hätten sie nie den Mut und die Kraft gehabt, ihr Leben zu ändern und ihre wahren Herzenswünsche zu verwirklichen. Das alte gespeicherte Wissen in der seelischen DNA ist von der Amensie nicht betroffen, es ist nach, wie vor da. „Nur" die Daten und Informationen, die sie vor ihrer Amnesie aufgenommen, gesammelt und gespeichert haben, sind weg. Einige Menschen haben sich dazu entschlossen, diese Daten ganz zu löschen, andere haben sie so geschickt verdeckt, dass sie eventuell wieder zurückkommen können, wenn auch nur bruchstückhaft. Diese Menschen haben die Chance, sich neu zu definieren, ihr Leben neu zu gestalten. So hart es für die Betroffenen und Angehörigen ist, umso ungewöhnlicher ist diese einmalige Chance, den Weg des Glücks und der Liebe zu gehen. Denn sie entdecken ihr Leben neu und nehmen vieles bewusster wahr, wie ein Kind, das seine Umgebung wertfrei und neugierig beobachtet. Diese besondere Eigenschaft, die wir leider weitestgehend verlernt haben, ermöglicht uns, das Leben mit neuen Augen zu betrachten.

# Auswirkungen der Transformationsenergien der Erde auf unsere DNA

Nicht nur die Menschen befinden sich in einer Transformation, sondern auch die Erde. Diese Energien der Wandlung lassen natürlich unsere DNA nicht unbeeinflusst. Die Erde steht immer in Kontakt mit unserer DNA. Die Erd- und ihre Transformationsenergien strömen in unsere DNA-Schichten und wandeln auch diese in eine höhere Schwingung um. Dieses hat oft ziemlich starke körperliche und energetische Auswirkungen auf uns. Wir werden also automatisch in den Aufstiegsprozess der Erde hineingezogen, ob wir wollen oder nicht.

Die Transformationsenergien können von unterschiedlicher Natur sein. Zur Erde gehört die ganze Atmosphäre, die sie umgibt, auch das Klima, die Natur und die Planeten, die unser Sonnensystem beeinflussen. Alle diese Energien wirken auf unser Sein, auf unsere DNA. Es gibt Energien, die direkt aus der Erde kommen, Energien der Natur, des Wetters, der vier Elemente, der Sonne und der Planeten. Das Wetter spielt dabei eine große Rolle und beeinflusst uns von allen Bereichen der Transformationsenergien am meisten und am direktesten. Der Sturm, der alte Strukturen, Verhaltensweisen und negative Gedankenenergien auflöst und fortweht. Der Regen, der wieder alles ins Fließen bringt und uns reinigt. Der Schnee, der alles zur Ruhe bringt, damit wir uns wieder mehr auf uns besinnen können. Die Sonne, die uns wieder mit Lebensenergie auffüllt, aber auch Blockaden zum Vorschein bringt, die bereit sind, gelöst zu werden. Wir können diese Energien für uns arbeiten lassen und sie für die Reinigung, die Energetisierung und die Transformation unserer DNA nutzen.

Derzeit transformiert die Erde alte Energien aus Zeiten der Kriege und Kämpfe. Die dabei entstehenden Energien, die wie Dämpfe aus der Erdoberfläche emporsteigen, können uns stark beeinflussen. Diese Dämpfe steigen in die Atmosphäre auf, um im Universum in Licht und Liebe transformiert zu werden. Deswegen sollten wir uns zur Erdung an das neue Kristallgitternetz der Erde anschließen und uns nicht wie bisher mit unseren energetischen Wurzeln mit der Erde verbinden. Diese aufsteigenden „Kriegsdämpfe" sollten nicht in unsere DNA gelangen, da sie voll von alten Kampf- und Kriegsenergien wie Leid, Angst und Hass sind. Sie würden als Informationen in unsere energetische DNA gelangen und sich somit sofort mit unserem Ego verbinden. Als Emotionen verkleidet würden dann diese Kriegsenergien in uns aufsteigen. Sehr fühlige Menschen können auf ehemaligen Schlachtfeldern diese heftigen Energien deutlich spüren.

Das Ego ist sehr raffiniert, es hat jegliche Variationen von Angst, Leid, Hass und Verlustenergien in sich abgespeichert und kann diese nach Reagieren auf ähnliche Energien, wie zum Beispiel die Transformationsenergien der Erde, der Umfeldenergien wie Fernsehen und Massenbewusstsein wieder aktivieren. Wenn Sie nicht gerade den Auftrag erhalten haben, der Natur an diesen Plätzen zu dienen und zu helfen, gehen Sie lieber nicht auf diese „ehemaligen" Schlachtfelder. Diese können noch zu stark für uns sein, wir haben noch nicht die nötige Stärke, uns vor dieser immensen Kraft zu schützen. Auch die Umweltverschmutzung macht der Erde und uns zu schaffen. Die chemischen Gifte, die wir durch die Luft, das Wasser, die Erde oder die Nahrung aufnehmen, lagern sich auf der körperlichen DNA ab und schädigen sie auf lange Sicht. Ist unsere DNA mit der Kristallenergie energetisiert, sind wir automatisch vor diesen schädlichen Einflüssen geschützt.

Zum Glück gibt es Kraftplätze auf unserer Erde, die wir positiv für uns nutzen können. Zu diesen positiven Plätzen zählen nicht nur die altbekannten Orte, wie zum Beispiel Glastonbury und Stonehenge, sondern auch die neu transformierten Plätze und Kraftpunkte, die mit dem Kristallgitternetz der Erde verbunden sind. Auf diesen Plätzen können wir die Erdenergien in uns aufnehmen. Die Energien der Kraftplätze unterscheiden sich untereinander, je nachdem, welchen Ursprung sie haben und wo sie sich auf der Erde und im Kristallgitternetz befinden. Alle haben eine unterstützende und heilende Wirkung auf unsere DNA. Die Energien auf den neuen Kraftplätzen sehen wie glitzernde Kristalle aus, die sich aber alle in ihrer Zusammensetzung unterscheiden, je nachdem, was sie bewirken sollen. Wenn diese Energien der Kraftplätze, ob alt oder neu, in unsere DNA einströmen, verbinden sie sich sofort mit unserer energetischen DNA. Sie lösen dort Blockaden, kräftigen unsere Seelen- und Lebensenergie und fördern uns in unserem Aufstiegsprozess. Es können auch in unserer seelischen DNA Seelenanteile aktiviert und neue Potenziale eröffnet werden.

Alle diese Transformationsenergien der Erde beeinflussen uns sehr stark in unseren energetischen Körpern, in unserer Aura sowie in unserer DNA. In diesen aufregenden Zeiten können wir uns dazu entscheiden, mit den Aufstiegszyklen der Erde konform zu gehen, uns anzupassen und die Aufstiegssymptome der Erde optimal für uns zu nutzen. Wenn wir versuchen, die jeweiligen vorherrschenden Energien und Vorgänge der Wandlung der Erde wahrzunehmen und darauf zu achten, können wir sie je nach Art der Energien optimal für uns arbeiten lassen und nutzen, oder uns vor ihnen schützen. Hinzu kommen noch die außerplanetarischen Einflüsse, die uns in unserem Aufstiegsprozess beschleunigen. Dazu zählt auch die Tätigkeit der Sonne, die in dieser Wandlungsphase mit ihren Hot-Spot-Explosionen einen starken Einfluss auf uns und die Erde hat. Auch bestimmte Planetenverschiebungen oder Kometen, die an unserer Erde vorbeifliegen, geben uns immer wieder neue Impulse, weiter an unserem persönlichen Aufstiegsprozess zu arbeiten. Alle diese Energien strömen in unsere Aura, in unsere energetischen Körper und in unsere DNA. Mit der Zeit werden wir lernen, diese verschiedenen Arten von Energien zu unterscheiden und damit umzugehen. Wenn wir unserer eigenen Wahrnehmung wieder mehr vertrauen, kommen wir leichter durch diesen Aufstiegsprozess hindurch, um endlich in Licht und Liebe in der Fünften Dimension zu leben.

# Verschiebung der Dimensionen

Während der Transformation unserer Erde verschieben sich die einzelnen Dimensionen untereinander. Es befinden sich derzeit drei verschiedene Dimensionen über unserer Erdoberfläche. Die Dritte Dimension ist die erste Schicht über der Erdoberfläche. Es folgt die Vierte, und dann die Fünfte Dimension. Die Dritte Dimension, in der wir teilweise noch leben, wird von der Vierten abgelöst beziehungsweise tauscht ihren Platz mit ihr und steigt eine Ebene höher zur Transformation ins Universum. Die Dritte Dimension ist gebietsweise schon von der Vierten oder sogar schon von der Fünften Dimension abgelöst, und so entsteht eine Verschiebung der Dimensionen und Energien untereinander.

Unsere DNA wird, unabhängig von unserer eigenen Weiterentwicklung und Loslösung aus der Dritten Dimension, von diesen Dimensionsverschiebungen stark beeinflusst. Diese Veränderungen machen sich bei uns als energetisches, emotionales und materielles Chaos bemerkbar, das in allen Lebensbereichen stattfinden kann. Auch in unserer Gesellschaft verändert sich viel, Firmen werden insolvent, Fusionen kommen zustande, Partnerschaften und Ehen geraten in Krisen oder gehen auseinander, finanzielle Probleme tauchen auf, die Menschen werden kränker, Machenschaften in Politik und Wirtschaft werden langsam aufgedeckt, vieles klappt nicht mehr, was bisher immer funktioniert hat.

Zum Glück gibt es jedoch auch positive Veränderungen. Die Wertigkeiten des Lebens verschieben sich. Andere Dinge werden nun wichtiger für uns. Wir lernen, den inneren und äußeren Reichtum, den wir bereits besitzen, wieder mehr zu schätzen. Wir würdigen die kleinen Wunder in unserem Alltag. Wir sehen die Schönheit der Natur und erkennen die Einzigartigkeit in allem. Das Ego transformiert sich, alte Programme werden aufgelöst, und die wahren Fähigkeiten und Werte treten in jedem hervor. Zwischenmenschliche Beziehungen und die Art, wie wir miteinander umgehen, ändern sich.

Die Dritte Dimension ist eine sehr dichte Energie, die sich von Angst, Macht, Leid, Ego, Hass, Missbrauch, Verlustängsten, Sicherheitsdenken, Erwartungshaltungen, Festhaltungsenergien, Minderwertigkeitsenergien, um nur einige Verhaltensmuster und Energien zu nennen, ernährt. Alle diese Energien bilden ein Konstrukt, das so genannte Massenbewusstsein, das sich wie ein Gitternetz über die gesamte Erde zieht. Dieses Massenbewusstsein strahlt in das Umfeld aus und beeinflusst uns in unserem Sein. In der Dritten Dimension verbindet sich das Massenbewusstsein mit unserer körperlichen und energetischen DNA. Die energetische DNA ist mit unserem Ego verbunden, das durch die oben genannten Energien der Dritten Dimension immer von neuem gestärkt und genährt wird. Durch eingehende „falsche" Informationen wird unser Ego beziehungsweise unser Denken fehlgeleitet. Wir werden dazu angestiftet, ähnliche Gedanken und Emotionen zu produzieren, die uns umgeben, die wir fühlen und sehen. Wir identifizieren uns damit und senden egoproduzierte Energien aus und nähren wiederum dieses alte Konstrukt. Unsere energetische DNA wird so vollgestopft von manipulierten Informationen, zum Beispiel durch das Fernsehen, dass man nicht mehr fähig ist, sein wahres Potenzial zu entfalten. Dauernd müssen sich das Unterbewusstsein sowie das Bewusstsein mit den falschen Daten und den immerwährenden negativen Gedanken beschäftigen. Wir werden, ohne es zu wissen, von unserer persönlichen Weiterentwicklung abgehalten beziehungsweise von ganz oben, den Mächtigen der Dritten Dimension, bewusst klein gehalten. Lösen wir uns aus dem Netz der Dritten Dimension, gelangen wir über die Vierte in die Fünfte Dimension. Wir werden also nicht nach der Loslösung alleine gelassen.

Ein Energienetz der Fünften Dimension, in der Höhe unseres Herzzentrums, befindet sich gerade im Aufbau. Es gibt aber bereits ein Netz der Fünften Dimension, das Kristallgitternetz, das in die Erde eingelassen und verankert wurde. Das neue Kristallgitternetz, oder auch Christusnetz genannt, strahlt in die Erde aus und transformiert sie. Wir können uns an dieses Kristallgitter anschließen und uns mit Kristallenergie versorgen. Die Fünfte Dimension verbindet sich immer stärker mit unserer energetischen und seelischen DNA, somit wird unsere Anbindung zur göttlichen Quelle immer reiner und intensiver. Alle Potenziale, die in uns sind, werden nach und nach geöffnet und erschlossen.

Die Vierte Dimension stellt eine Übergangsebene dar. Um in diese wunderschöne Fünfte Dimension aufzusteigen, müssen wir uns zuerst von dem Massenbewusstsein herauslösen und gelangen so automatisch in die Vierte Dimension, die uns erst einmal die nötige Ruhe zur Erholung gibt. Dann folgt eine Phase der Neuorientierung und Neuausrichtung. Dabei können wir uns müde und schlapp fühlen und auch eine gewisse Sinnlosigkeit, Verzweiflung, und Traurigkeit empfinden. Viele fühlen sich total allein gelassen und haben das Gefühl, ihnen würde der Boden unter den Füßen weggezogen. Wie kommt es zu diesen Empfindungen? Wir haben uns aus einem gewohnten Umfeld gelöst, in dem wir uns eine sehr lange Zeit aufgehalten haben. Egal, ob uns dieses Umfeld gutgetan hat oder nicht, an vieles haben wir uns gewöhnt. Die Gewohnheit, ob gut oder schlecht, gibt uns immer Sicherheit und Halt. Verlassen wir diese Sicherheit, fühlen wir uns traurig und allein gelassen. Wir haben die Struktur, in der wir uns geborgen fühlten, an der wir uns festhalten konnten, verlassen. Alles ist neu und fühlt sich wie ein leerer Raum an, den wir erst noch gestalten müssen.

Nun haben wir die Gelegenheit, uns neu auszurichten, uns neu zu orientieren, Altes loszulassen, um unser Leben neu zu erschaffen. In der Vierten Dimension werden wir geprüft, ob wir bereit sind, in der Fünften Dimension zu leben. Dafür müssen wir viele Transformationsprozesse durchlaufen. Viele alte Verhaltensweisen, Programme und Ursachen müssen erkannt werden, um sie dann in Liebe loszulassen. Sind wir davon gereinigt und schaffen wir es, uns nicht mehr von unserem Ego leiten zu lassen, sind wir bereit, vollkommen in die Fünfte Dimension aufzusteigen.

Auch unsere gesamte DNA wird in dieser Phase der Neuorientierung von alten Energien und Blockaden der Dritten Dimension gereinigt und mit neuer Kristallenergie aufgeladen. Unser Körper, unsere Zellen und unsere DNA werden zum Lichtkörper, zur Lichtspirale transformiert. Dazu ist es wichtig, dass wir uns in dieser Transformationsphase viel ausruhen und schlafen.

Die energetische und seelische DNA werden mit der Zeit breiter und intensiver, da sie nun immer stärker mit der Fünften Dimension und der göttlichen Quelle verbunden werden. Die körperliche DNA-Ebene verkleinert sich und verliert etwas an Breite, sie transformiert sich zur Lichtkörper-DNA, denn die körperlichen Beschwerden und Krankheiten dienen nicht mehr als Wegweiser für unseren Aufstiegsprozess. Die körperliche DNA der Dritten Dimension hat ihre Aufgabe im Aufstiegsprozess erfüllt. Über die energetische DNA nehmen wir intensiver die „unsichtbaren" Energien wahr. Wir werden sensitiver und fühliger. Das kann zur Folge haben, dass wir in der ersten Zeit gerne alleine sein wollen, uns nicht mehr so oft in große Menschenmengen begeben oder bestimmte Menschen oder Plätze meiden. Wir beginnen, die Gefühle oder Energien anderer zu spüren. Deswegen benötigen wir unter anderem den Rückzug, um zu lernen, mit dieser neuen Fähigkeit umzugehen und fremde von eigenen Gefühlen zu unterscheiden. Die energetische DNA wird offener und aufnahmefähiger, und somit sollten wir gezielt auswählen, was wir erleben und mit wem wir uns treffen wollen.

Auch lernen wir mit der Zeit, die Transformationsenergien voneinander zu unterscheiden, sind es meine eigenen, sind es die der anderen, der Erde, des Universums. Nach und nach wissen wir mit unserem neuen Potenzial und den neuen Energien umzugehen, um in Licht und Liebe zu leben. Wenn sich die Dimensionen wieder einmal verschieben und transformieren, sollten wir uns während dieser Phase so oft wie möglich mit der göttlichen Liebe verbinden und uns mit dem Atem auf die Mitte unseres Herzens zentrieren, damit wir uns nicht in die Transformationsenergien der Erde verstricken und beschützt sind.

# Verschiedene Arten von Blockaden auf und in der DNA

Folgende Arten von Blockaden auf und in der DNA können auftreten:

- Abgespaltene und unsichtbare Seelenanteile
- Verengung
- Kerben und kleine Risse
- Verblasste Farben
- Zurückgebliebene Narben
- Dunkle DNA
- Dunkle Flecke und Schatten auf und in der DNA
- Energetische Verstopfung in den verschiedenen DNA-Ebenen
- Schnüre, Verstrickungen
- Verkleinerung der DNA in ihrer Breite durch Einschnürungen und energetische Gitter

Mögliche Blockaden in der äußeren DNA-Spirale

- Die Spirale ist nicht sichtbar
- Die Länge der Spirale ist zu kurz
- Andere Menschen oder Seelen stehen in oder neben der DNA-Spirale
- Farbveränderungen der DNA-Aura

Grundsätzlich können wir alle Blockaden in der „kleinen" DNA wie auch in der äußeren sehen. Da die äußere

DNA mehr mit unserer Ausstrahlung und der Kommunikation mit unserer Umwelt und unseren Mitmenschen zu tun hat, kommen noch weitere mögliche Blockaden hinzu.

# Blockaden auf und in der DNA

### Abgespaltene und unsichtbare Seelenanteile

Die abgespaltenen Seelenanteile können durch zu schnelles Inkarnieren in ein neues oder durch abruptes Ableben im vorangegangenen Leben zustande gekommen sein. Auch ist dieses ein Zeichen dafür, dass bestimmte Erlebnisse aus früheren Leben nicht verarbeitet worden sind. Sie wurden und werden unterdrückt oder sind in das äußere Energiefeld verdrängt worden. Sie werden von der Seele und dem Unterbewusstsein willentlich aus dem Leben gedrängt, da es zu schmerzhaft wäre, sie wieder zu integrieren und zu leben. Diese fehlenden „Bausteine" sind nicht wirklich weg, sind aber so weit abgespalten oder blockiert, dass wir anscheinend keinen Kontakt mehr zu ihnen haben. Sie sind noch in unserer Blaupause, in der Aura, in unseren Energiekörpern erhalten. Sie sind also nicht ganz verlorengegangen, außer wir haben einige Seelenanteile, wie zum Beispiel Macht und Verantwortung, freiwillig an andere abgegeben.

Bei Amnesien oder Komada im jetzigen Leben können ebenfalls einzelne Seelenanteile abgespaltet oder völlig unterdrückt werden. Nur eine langsame und sensible

Heilung kann dazu führen, dass diese fehlenden Anteile wieder angesehen, integriert oder aktiviert werden. Bestimmte Vorkommnisse in unserem Leben können zudem den Energiefluss zu Seelenanteilen stören und unterbrechen. Die Energiezufuhr wird dabei behindert oder sogar gestoppt, die Energie nimmt ab, die Farbe verblasst, und dieser Seelenanteil scheint für uns unsichtbar. Also, nicht sichtbare Seelenanteile müssen nicht immer abgespaltene Anteile sein. Inzwischen gibt es bestimmte Heilweisen, um diese abgespaltenen Seelenanteile wieder zu integrieren und die nicht sichtbaren zu reaktivieren.

### Verengung der DNA

Dies geschieht bei Extremsituationen, die nicht verarbeitet oder gelöst wurden.

### Kerben und kleine Risse in der DNA

Kerben und kleine Risse entstehen durch plötzliche Ereignisse wie Unfall, Schock oder langjährige Seelenverletzungen. Ist die DNA zu beschädigt, wird sie instabil und kann durchreißen. In diesem Fall stirbt der Mensch. Diese Seelen benötigen eine längere Erholungsphase auf einer anderen Ebene, bis sie hier auf Erden reinkarnieren. Kleine Risse und Kerben können durch Energie- und Seelenarbeit geheilt werden.

### Verblasste Farben in der DNA

Die Ursache für verblasste Farben in der DNA kann eine fehlende Anbindung an das höhere Selbst und/oder an die göttliche Quelle sein. Das kann aus purem Rationalismus geschehen oder durch Fremdeinwirkung wie Missbrauch und Unterdrückung. Es kann bei ADS/ADHS-Kindern und Erwachsenen vorkommen, die es nicht mehr schaffen, ihr wahres Selbst zu leben, oder bei alten Menschen, die keinen Anspruch mehr an sich selbst haben, pflegebedürftig sind, sich nicht mehr aktiv am Leben beteiligen, sich aufgegeben haben oder nicht mehr gefordert werden.

## Narben in der DNA

Die Narben entstehen durch das Vereinen von Bruchstücken und Heilen von Rissen und Verletzungen. Diese Vereinigung kann nur geschehen, wenn die Blockaden gelöst und die Ursachen für diese Verletzungen geheilt worden sind. Die späteren Narben haben keinen Einfluss mehr auf unser Leben, die Ursachen wurden erkannt, die DNA konnte von innen heraus heilen. Bei guter Heilung und stetigem inneren Wachstum können die Narben mit der Zeit sogar ganz verschwinden.

## Dunkle DNA

Die DNA hat sich dunkel gefärbt, das heißt, dass die DNA nicht mehr mit Energie versorgt wird. Es besteht keine Anbindung mehr zur göttlichen Quelle. Nur in wenigen Fällen ist die gesamte DNA dunkel, sonst sind „nur" die jeweiligen Ebenen betroffen.

## Dunkle Flecke und Schatten in und auf der DNA

Angstgefühle produzieren dunkle Flecke und Schatten, Besetzungen und Fremdenergien sowie das Telefonieren mit Handys und schnurlosen Telefonen und das Verwenden von Bluetooth.

## Energetische Verstopfung

Die energetische Verstopfung entsteht durch eine immerwährende Flut eingehender Informationen und Daten, für die nicht genügend Zeit geblieben ist, sie ordnungsgemäß zu selektieren.

## Schnüre und Verstrickungen

Schnüre und Verstrickungen sind Fremdeinwirkungen von außen, die aus zwischenmenschlichen Beziehungen entstanden sind.

## Verkleinerung der DNA in ihrer Breite durch Einschnürungen und energetische Gitter

## Äußere Einschnürungen der DNA

Bei ADS/ADHS-Kindern und Erwachsenen kann diese Blockade auftreten. Alte Strukturen, Verhaltens- und Gesellschaftsformen schnüren die DNA von außen in regelmäßigen Abständen ein. Bei einer Ritalineinnahme über Jahre kann es zu einer Einschnürung der gesamten DNA kommen. Der Mensch ist somit ganz in seiner Individualität und Einzigartigkeit eingeschränkt und kann seine ursprüngliche Lebensaufgabe nicht mehr erfüllen.

## Energetische Gitter

Energetische Gitter umkleiden die DNA, sie hängen mit alten Strukturen der Ahnen und dem familiären System zusammen. Auf Dauer kann dieses Gitter eine verminderte Breite und verblasste Farben hervorrufen. Dieses energetische Gitter behindert die persönliche Weiterentwicklung und die Entfaltung der Potenziale der einzelnen DNA-Ebenen.

## Blockaden in der äußeren DNA

### Die Spirale ist nicht sichtbar

Für diese Blockade gibt es mehrere Ursachen. Zum einen kann es sein, dass die DNA-Spirale zu klein oder zu schwach ist. Der Betroffene hat Angst, seine wahre Größe, sein wahres Selbst zu leben und es nach außen hin zu zeigen, er möchte nicht auffallen. Zum anderen kann es sein, dass die Zufuhr von Energie gänzlich unterbrochen wurde, willentlich oder durch Fremdeinfluss. Oder die DNA-Spirale dreht sich neben der Person – diese Situation ist durch ein Schockerlebnis seelischer, energetischer oder körperlicher Art hervorgerufen worden.

### Die Länge der DNA-Spirale ist zu kurz

Ist die DNA-Spirale zu kurz, verbindet sie den Menschen nicht mit Himmel und Erde. Es gibt mehrere Gründe dafür. Jedoch in den seltensten Fällen sind beide „Enden" der Spirale zu kurz. Eine Anbindung, ob zum Himmel oder zur Erde, besteht fast immer. Ist die Spirale nach oben hin zu kurz, ist das ein Zeichen dafür, dass dieser Mensch sehr rational eingestellt ist und sich nicht mit seiner eigenen Spiritualität beschäftigt. Ist die Spirale zur Erde hin zu kurz, möchte der Betroffene sich nicht mit der Erde verbinden. Bestimmte Erfahrungen und Erlebnisse haben ihn dazu veranlasst, sich nicht mit seinem Dasein und seiner Existenz auf Erden zu verbinden. Oft empfindet er es als zu schmerzhaft oder zu anstrengend, sich hier zurechtzufinden. Dabei würde eine Anbindung an das Leben hier auf Erden vieles erleichtern, auch wenn wir das erst nicht glauben wollen. Auch die Menschen, die zu viel meditieren und ständig mit hoch schwingenden Energien arbeiten, können eine verkürzte DNA-Spirale aufweisen, wenn sie vergessen, sich regelmäßig zu erden. Ihre Schwingung wird so hoch, dass sie den Boden unter den Füßen verlieren. Dieser Zustand erschwert zusätzlich die Umsetzung und Verwirklichung von eigenen Ideen und Wünschen.

## Andere Menschen oder Seelen stehen in oder neben der DNA-Spirale

Bei Besetzungen, Machtmissbrauch und Unterdrückung kann es dazu kommen, dass die ausübende Person energetisch in oder neben unserer DNA-Spirale steht. Auch Verstorbene oder andere Fremdenergien können sich dort befinden. Wir haben ihnen die Erlaubnis gegeben, in unser Kraftfeld einzutreten, weil wir es nicht gelernt haben, unsere eigenen Grenzen zu wahren und nach außen hin zu verteidigen. Keiner darf in diesen Bereich eindringen, auch nicht aus Liebe, Mitleid oder Mitgefühl!

Diese Fremdenergien profitieren von unserem Licht und unserer Lebensenergie. Diese müssen es lernen, wie wir selbst auch, in ihren eigenen Lebensenergiekreisen in göttlicher Liebe zu leben.

# Tipps zur Stärkung und Reinigung der DNA

Es gibt einige Übungen, mit denen Sie Ihre körperliche und energetische DNA-Ebenen reinigen und energetisieren können. Die Reinigung geschieht zwar nur oberflächlich, aber zumindest werden die herumschwirrenden und überflüssigen Informationen damit gelöscht. Diese Vorschläge helfen Ihnen auch, die Transformation Ihrer DNA zu unterstützen. Tiefgehende Reinigungen und Auflösungen von Blockaden auf allen DNA-Ebenen bedürfen jedoch einer professionellen energetischen Behandlung.

Folgendes können Sie für Ihre DNA tun und in Ihren Alltag einbauen.

- Viel gereinigtes und gesegnetes Wasser trinken
- Spaziergänge in der Natur
- Meditationen
- Im Hier und Jetzt leben
- Meersalzbad
- Singen
- Bewegung, Tanzen
- Atlantisheilsymbole
- Weniger Fernsehen

## Wasser trinken

Die einfachste Unterstützung für eine gesunde und harmonische DNA ist, viel gereinigtes und gesegnetes Wasser zu trinken. Wasser ohne Kohlensäure und Zusätze. Am besten ist das Wasser, wenn es eine hohe Schwingung aufweist, wie zum Beispiel aus einer Heilquelle. Sie können Ihr Wasser selbst auf eine höhere Frequenz bringen, indem sie es segnen und/oder es mit Symbolen, wie zum Beispiel den Atlantisheilsymbolen, kodieren. Symbole haben zudem den Vorteil, dass sie Ihren Transformationsprozess unterstützen. Sie können aber auch einfach das Wort „Liebe" oder „göttliches Licht" auf ein Blatt Papier schreiben und das Wasser damit kodieren. Auch diese Kodierung hat eine heilende Wirkung auf Ihre DNA. Stellen Sie Ihren Wasserkrug oder Ihr Wasserglas mindestens fünf Minuten auf das ausgewählte Symbol oder Wort, und das Wasser nimmt die Schwingung und die jeweilige Information in sich auf.

## Spaziergänge in der Natur

Verbinden Sie sich während eines Spaziergangs in der Natur mit dem Bewusstsein der Bäume, der Pflanzen, der Seen. Versuchen Sie an nichts zu denken, nur die Natur wahrzunehmen und ihre reinigende Kraft zu spüren. Auch eine Meditation im Wald oder am See wirkt wahre Wunder. Ihr Unterbewusstsein kann zur Ruhe kommen und alle in der letzten Zeit eingegangenen Informationen ohne Stress selektieren.

## Meditation

Eine gute Übung für die Reinigung unserer DNA ist es, sich unter einen imaginären Wasserfall zu stellen. Spüren Sie, wie das Wasser alle DNA-Schichten von überflüssigen Informationen reinigt und nach unten wegspült. Diese kleine Übung zeigt auch eine gute Wirkung vor dem Zubettgehen. Gerade, wenn Sie einen Fernsehabend hinter sich haben, werden alle überflüssigen Informationen mit dieser Übung weggespült. Auch können Sie sich während des Duschens vorstellen, wie alle Fremdenergien oder Blockaden wie unter einem Wasserfall weggeschwemmt werden. Diese Übung können Sie sich auch als farbigen Strahl aus der göttlichen Quelle vorstellen, in den Sie sich stellen. Wählen Sie spontan eine Farbe für Ihren Energiestrahl aus. Lassen Sie sich von dieser Farbe durchspülen und reinigen. Abschließend verwenden Sie die Farbe Gold, um sich wieder mit göttlicher Energie aufzufüllen und Ihre DNA damit zu energetisieren.

## Im Hier und Jetzt leben

Versuchen Sie, im Hier und Jetzt zu leben, und gönnen Sie Ihrem Geist Ruhe, haben sie einen klaren Kopf und Platz für göttliche Eingebungen und Ideen. Wenn Sie in der Gegenwart leben, Ihre Aufmerksamkeit einhundert Prozent auf die jeweilige Tätigkeit richten, Ihren Besorgnis erregenden Gedanken keine Beachtung schenken, hat Ihr Unterbewusstsein die Möglichkeit, sofort die empfangenden Informationen in Ruhe zu selektieren und zu verarbeiten. Es bilden sich keine energetischen Verstopfungen von zu viel eingehenden unwichtigen und wichtigen Informationen.

## Meersalzbad

Ein Meersalzbad ist besonders für unsere körperliche und energetische DNA gut. Alle Energien, die nicht zu uns gehören, werden weitgehend aufgelöst. Es handelt sich hier um Fremdenergien, die wir im Laufe des Tages von anderen aufgenommen haben. Um nicht nur eine körperliche und energetische Reinigung vorzunehmen, sondern sich auch zu kräftigen, verwenden Sie einen Badezusatz in Form einer Essenz, eines aufbauenden Öls oder einen Liter kodiertem Wasser. Es wird Ihnen guttun.

## Singen

Singen reinigt und energetisiert alle unsere DNA-Schichten.

## Bewegung, Tanzen

Bewegung hat immer eine positive Wirkung auf uns und unsere DNA, vorausgesetzt, wir übertreiben es nicht. Sport oder leichte Bewegung in freier Natur oder im Wasser ist das Beste, was wir für eine gesunde DNA tun können. Tanzen nimmt eine besondere Stellung ein, es löst Blockaden, entfacht Lebensfreude und hat eine befreiende und heilende Wirkung auf unsere Seele und DNA. Schalten Sie Musik zu Hause an und tanzen Sie öfter mal, es genügen fünf bis zehn Minuten, um eine heilende und befreiende Wirkung zu spüren.

## Atlantisheilsymbole

Die Atlantissymbole wirken auf einer sehr hohen fein-stofflichen Basis der göttlichen Energie[*]. Sobald Sie ein Atlantissymbol anschauen, beginnt es bereits seine Wir-kung zu entfalten. Jedoch die Besonderheit dieser Sym-bole besteht darin, dass sie direkt auf unsere DNA wir-ken. Die Symbole haben die Fähigkeit, die Blockaden auf und in der DNA zu transformieren. Das geschieht, weil die ursprüngliche göttliche Drehung der Zellen wieder her-gestellt wird. Indem die Blockaden in der seelischen und energetischen DNA aufgelöst werden, füllen Sie sich mit göttlicher Liebe und erlangen so die Schwingung der Fünf-ten Dimension, die göttliche Drehung. Die beste Wirkung erzielen die Symbole auf die energetische DNA. Sie drin-gen in die DNA-Spirale ein und können negative Elemente transformieren. Vorraussetzung für diese Transformation ist natürlich eine bewusste und kontinuierliche Mitarbeit an uns selbst.

## Weniger Fernsehen

Machen Sie Ihrer DNA eine Freude und befassen Sie sich weniger mit unseren Medien wie Fernsehen, Zeitun-gen, Radio... Wählen Sie gezielt die Sendungen aus, die Sie im Fernsehen sehen möchten. Meiden Sie Dokumen-tationen über Geldmangel, Armut, Krankheiten, Leid und Not. Bei Nachrichten und politischen Magazinen halten

---

[*] Atlantisheilkarten – Symbole der Fünften Dimension, 44 Heilkarten mit Begleitbuch, erschienen im Smaragd Verlag.

Sie Ihre Augen und Ohren offen und versuchen Sie, die manipulativen Informationen zu erkennen und nicht aufzunehmen. Hören Sie höher schwingende Musik. Meiden Sie Musik, die mit und durch Drogenkonsum entstanden ist oder sich aus negativen Texten zusammensetzt. Lesen Sie keine Zeitschriften, die alte Sichtweisen, Oberflächlichkeiten und Schadenfreude unterstützen und die Grenzen anderer nicht wahren. Gehen Sie aufmerksamer und bewusster mit den Medien, die uns heute zur Verfügung stehen, um.

# Öle und ihre Wirksamkeit auf die DNA

Cremes und Öle haben eine besondere Wirkung auf unsere DNA. Da sie mit unserer Haut fast „verschmelzen" beziehungsweise in sie einwirken und die Informationen und Stoffe in alle unsere Zellen weitertransportiert werden, beeinflussen sie natürlich auch unsere DNA. Öle mit hoher Schwingung und reinen Substanzen haben eine optimale heilende Wirkung auf uns. Die Öle legen sich wie eine schützende, wohltuende Schicht um unsere DNA und wärmen sie. Sie lösen alte Strukturen und machen die DNA geschmeidig und somit beweglicher. Die Substanzen der Öle, wie zum Beispiel Rose, wirken auf die DNA mit ihren individuellen Wirkstoffen auf seelischer, energetischer und körperlicher Ebene. Es kommt auf die Schwingung des Öls und seine Reinheit an, auf welchen Ebenen es vorherrschend wirkt. Ist das Öl sehr hoch schwingend und enthält reine, biologische Inhaltsstoffe, dann wirkt es auf allen Ebenen und dringt bis zur energetischen und seelischen DNA vor. Ist es ein rein maschinelles Öl, wirkt es nur auf der körperlichen DNA-Ebene. Bei chemisch produzierten Ölen müssen wir auch aufpassen, dass wir nicht mit den unreinen Inhaltsstoffen unsere körperliche DNA verseuchen.

Die Wirkung der Öle in ihren Substanzen ist verschieden. Die Rose steht als Sinnbild für die göttliche Liebe, und dieselbe Wirkung hat sie auch auf unsere DNA. Wenn Sie vor dem Auftragen das entsprechende Öl segnen, ist die heilsame Wirkung einzigartig. Lavendel hat eine entspannende Wirkung auf uns, Rosmarin ist belebend. Birkenöl ist auf der seelischen und energetischen Basis für das LOSLASSEN zuständig. Also, achten Sie darauf, was Sie im Moment in Ihrem Leben aktivieren oder transformieren möchten, danach wählen Sie das Öl aus. Die Rose schwingt am höchsten, da sie auch für verschiedene lichtvolle Energien wie zum Beispiel Erzengel Chamuel und Mutter Maria steht. Mit Rosenöl wird die DNA in eine göttliche Schwingung gebracht, die uns Vertrauen, Zuversicht, Hoffnung und Liebe bringt. Sie unterstützt die göttliche Drehung unserer Zellen und aktiviert die Seelenanteile der göttlichen Liebe in uns. Kein Wunder, dass die Rosenöle zurzeit einen Boom erfahren, denn jeder Mensch ist hungrig nach Liebe, ob es die Liebe von anderen Menschen, zu sich selbst oder von Gott ist. Mit der Rose tun Sie sich immer etwas Gutes. Die Nähe von Rosen tut uns einfach gut, zum Beispiel in unserem Garten. Die hohen Schwingungen der Rosen erhellen unser Gemüt und stärken unsere Liebesenergie. Nutzen Sie die Kraft dieser Öle.

*Bitte lesen Sie weiter ...*

Margit Steiner
**2012 hat gestern begonnen**
**Selbsteinweihung für den Aufstieg**
120 Seiten, gebunden, mit Leseband
ISBN 978-3-938489-90-1

Schon seit einiger Zeit geistert das Jahr 2012 durch die Energiearbeit. Für die Autorin selbst ist 2012 keine Jahreszahl, sondern ein Energieereignis, das längst begonnen hat. Durch die Prozesse der Selbsteinweihungen schaffen wir den Energieraum, den wir für unseren Aufstieg brauchen und unterstützen so unsere körperliche, geistige und seelische Entwicklung. Durch die einzelnen Übungen und Weihen ist wird die Transformationen in Gang gesetzt, die sich im Alltag durch unsere Handlungen verstärken.
Heilung geschieht sozusagen „von selbst", da jeder – immer und überall – alleine an sich und für sich arbeiten kann.

Paulette M. Reymond
**Ashtar Sheran**
**Willkommen in der Kosmischen Familie**
200 Seiten, broschiert
ISBN 978-3-938489-97-0

„Ich, Ashtar Sheran, bin mit dem Kosmos seit Anbeginn der Zeit in Liebe stark verbunden. Meine Aufgabe ist es, dem Licht seinen Platz einzuräumen und die Erde und ihre Menschen in den Aufstieg in die Fünfte Dimension zu führen. Nehmt Kontakt auf zu euren Sternengeschwistern. Sprengt eure Begrenzungen und nehmt euer multidimensionales Erbe an! Wir sind alle miteinander verbunden und verwoben und kreieren gemeinsam den neuen Himmel und die neue Erde. Jedes Wesen ist in diesen großartigen Reigen eingebunden und leistet das seine für das Ganze. Ihr seid also Schöpfergötter im Einsatz! Die Liebe ist die Quintessenz der ganzen Schöpfung. Denn wäre die Liebe nicht, würde sich der Kosmos auflösen!"

Kerstin Simoné
**Thoth – Die Offenbarungen, Band II**
**Erwachen aus der Illusion**
ca. 200 Seiten, gebunden, mit Leseband
ISBN 978-3-938489-98-7

Der zweite Band von „Thoth - Die Offenbarungen" zeigt schon durch seinen Untertitel, wie intensiv und ehrlich Thoth uns in die nun unmittelbar bevorstehende neue Ära der Menschheitsgeschichte geleiten will, ohne dabei irreführende Schönrederei zu verwenden. Denn nach der Öffnung und Neuorientierung unseres Bewusstseins gilt es jetzt für jeden von uns, das „Erwachen aus der Illusion" auf allen Ebenen zu nutzen. Die Grenzenlosigkeit und Wertigkeit allumfassender Liebe und ihr Kraft in den Zeiten des großen Wandels werden eindringlich und klar vermittelt, - Wahrheiten, mit denen wir in die Neue Zeit schreiten können.
Mit wichtigen Botschaften zu den großartigen, aktuellen Veränderungen auf Erden.

Ava Minatti
## Avalon und der Artusweg
### Altes Wissen für die Neue Zeit
376 Seiten, gebunden, mit Leseband
ISBN 978-3-938489-93-2

Hörst du den Ruf? Siehst du, dass sich die Nebel zu lichten begonnen haben? Und es Zeit geworden ist, nach Hause zurückzu-
kehren? Zurück nach Avalon?
Avalon ist ein Symbol für die Fünfte Dimension. Der Artusweg
bezeichnet den Weg dorthin. Beides ist untrennbar miteinander
verwoben. Die Legenden um den Heiligen Gral, die Tafelrunde,
König Artus, die magische Apfelinsel, Morgana und Merlin haben auch heute nichts
an Aktualität und Gültigkeit verloren. Hier übermitteln diese dir das alte Wissen, damit
du es im Hier und Jetzt integrieren und leben kannst. Erlebe eine intensive Reise zu
dir selbst, zu deinen Wurzeln, zu deinem wahren Wesen. Das Licht, die Liebe und die
Weisheit von Avalon heißen dich willkommen. Du wirst erwartet. Sei gesegnet!

Ines Witte-Henriksen
## Lady Rowena – Die Leichtigkeit der Seele
176 Seiten, broschiert, ISBN 978-3-938489-95-6

Der rosafarbene Strahl der Liebe strahlt in das Herzchakra ein,
um es in seiner Liebesfähigkeit auf Erden zu bestätigen, damit
die Saat der Liebe im Herzen aufgehen kann. In dem Maße, wie
der Mensch lernt, sich selbst zu lieben und seine Seele zu achten, ist er fähig, die Liebe der Göttlichen Quelle aufzunehmen
und in sein Leben fließen zu lassen. So lädt dieses Buch ein,
Masken und Mauern fallenzulassen, um der eigenen Seele wieder näherzukommen. Lady Rowena fördert die Vernetzung der
Sinne mit dem Herzen und verbindet das Fühlen mit der Seele. Sie erinnert daran, dass
wir in jedem einzelnen Moment unseres kostbaren Lebens eine neue Wahl treffen können. Möge es eine Wahl sein, die aus der Liebe zu sich selbst geboren ist.

Eva-Maria Ammon
## Maria Magdalena – Jetzt rede ich!
428 Seiten, gebunden, mit Leseband
ISBN 978-3-938489-99-4

Noch ein Buch über oder von Maria Magdalena? Gibt es nicht bereits genügend davon? Ja! Es gibt mehr als genug davon. Und:
Nein! Dieses hier fehlt noch, denn hier schreibt Maria Magdalena
selbst ihre ganz eigene Geschichte. Erfahre sie ganz neu, als
die große Göttin, Ehefrau, Lehrerin und Mutter, die sie in Wahrheit war, ist und bleiben wird. Magdalena schildert schonungslos
offen und detailliert ihr Leben und Sein mit Jeshua. Ihr Lieben,
ihren Zorn, aber auch ihr Leiden.
*„So vieles sagt und schreibt ihr von mir. Ihr spekuliert, ihr recherchiert in eurer mangel-
haften Geschichtsschreibung, ihr channelt mein Leben, meine angeblichen Lehren, und
doch ist alles, was bisher geschrieben wurde, wenn überhaupt eine Wahrheit dabei ist,
nicht einmal die halbe Wahrheit."*

Eva-Maria Ammon
### Delfin-Kristallpalast-Ermächtigung
**Arbeitsbuch zur Selbsteinweihung**
240 Seiten, gebunden, mit Leseband
ISBN 978-3-938489-92-5

Herzlich Willkommen zu den wundervollen Einweihungen in die Delfin-Kristallpalast-Ermächtigung aus und in Lemuria. Jede einzelne Einweihung führt dich tief in deine inneren, lichtvollen Welten und an dein tiefstes Kraftpotenzial. Mit jeder weiteren Einweihung wirst du tiefer mit der leichten und kraftvollen Energie der Delfine, Walwesen, Feen und Elfen der Meere verbunden und vertrauter mit den Ebenen des Siriussystems, von dem wir einst unsere erste Reise zur Erde antraten.
Erhebe dich in deine Kristallpalastermächtigung und bereite den Weg, damit Lemuria auf Erden und in jedem Menschen in die Heimat zurückkehren kann.

Hanne Reinhardt
### Gebt unseren Kindern das Lachen zurück
**Botschaften aus der Geistigen Welt**
344 Seiten, gebunden, mit Leseband
ISBN 978-3-938489-96-3

In Zeiten der großen seelischen Verwahrlosung unserer Kinder steht eine ganze Gesellschaft fassungslos davor, wenn eines dieser Kinder zu einem Amokläufer wird. Dieses Buch deckt auf, WARUM unsere Kinder derart verzweifeln, dass einige von ihnen keinen anderen Ausweg mehr sehen. Ein Buch, das nachdenklich stimmt und erschüttert. Und das soll es auch, denn die Geistige Welt ist nicht mehr bereit, diesen Missbrauch auf allen Ebenen an unseren Kindern gutzuheißen. Wir sind aufgefordert, komplett umzudenken, um unser Gesellschaftssystem, unsere Einstellung zum Leben und zu uns selbst, aber vor allem unseren KINDERN gegenüber, zu verändern, damit die Perlen des Universums, wie sie die Geistige Welt liebevoll nennt, ihr Lachen und ihre Lebensfreude zurückbekommen.

Patrizia Pfister
### Kryon – Weckruf für die Menschheit
**Botschaften aus der Quelle**
488 Seiten, A5, gebunden, mit Leseband
ISBN 978-3-938489-81-9

Dieses Buch ist das Ergebnis des Wirkens der Gnade und wurde unter der Schutzherrschaft des silber-schimmernden Strahls geschrieben. Die Fülle an Heilungsmeditationen ist ein einmaliges Geschenk der Quelle für die Aufstiegszeit. Es werden 56 Heilungsmeditationen vorgestellt, die von „Ankommen im Körper", „Einsammeln von Seelensplittern", über „Heilung des Geburtstraumas" bis hin zur „Erneuerung des Lichts" reichen.
Kryon erläutert die Gründe für die einzelnen Meditationen und gibt Hintergrundinformationen dazu, während die Meditationen direkt aus der Quelle gechannelt wurden.

Sabine Skala
**Atlantisheilkarten**
**44 Heilkarten mit Begleitbüchlein**
ISBN 978-3-938489-78-9

44 neue Symbole aus verschiedenen Bereichen wurden jetzt von den atlantischen Priestern für die Menschheit freigegeben.
Diese Symbole strahlen eine sehr hohe Schwingung aus, die unser Leben wieder ins Gleichgewicht bringen kann, und wirken ganzheitlich auf allen Ebenen - körperlich, seelisch und geistig - und transformieren unsere Zellen so, wie es ihrem göttlichen Ursprung entspricht.
Den atlantischen Priestern ist es ein großes Anliegen, uns bei diesem Aufstiegsprozess in die Fünfte Dimension zu helfen, um in Liebe mit uns und anderen zu leben, denn nun ist es an der Zeit, wieder die Herzkommunikation, die Verbindung zur göttlichen Quelle und zu unserem höheren Selbst, aufzunehmen und eine Ära der göttlichen Liebe und des lichtvollen Friedens einzuläuten.

Kerstin Simoné
**Thoth – Tempel der Weisheit**
**Kartenset mit 49 Karten und Begleitbuch**
ISBN 978-3-938489-91-8

Tempel der Weisheit besteht aus sieben Mal sieben Karten, die sich durch sieben wichtige Prüfungsstufen auszeichnen und wichtige Bereiche innerhalb des menschlichen Soseins aufschlüsseln und damit Heilung und Fortschritt offenbaren.
Jede Karte wurde von Thoth mit der entsprechenden Energiefrequenz geweiht.

Angelika Balde
**Das Maya-Regenbogen-Set**
**Gechannelt von den Plejaden**
Kartenset mit 23 Heilkarten und Begleitbüchlein in Stulpbox
ISBN 978-3-938489-50-5

Geführt und gechannelt vom Herzen der Plejaden entstand ein völlig neues Kartenset, basierend auf den alten Glyphen der Mayas, und ein neues System der Numerologie.
Die Fünfte Dimension - die Ebene der Schöpfergötter - kennt keine geistigen Grenzen - keine Dogmen.
Jeder Gedanke, jedes Gefühl, jedes Wort ist schöpferisch.
Somit ist der Einzelne die Sonne seines eigenen Universums.
Das Kartenset bietet unzählige Varianten, sich spielerisch aus der polaren Welt von Licht und Schatten zu befreien, um vollkommen frei - im Sinne des Ganzen - auf dem eigenen Instrument seiner Seele zu spielen…

Claire Avalon
**Die 12 göttlichen Strahlen (CD)**
**Rosafarbener Strahl: Lady Rowena**
Lauflänge ca. 70 Minuten
ISBN 978-3-941363-01-4

Diese Meditation führt uns in den Lichttempel der Aufgestiegenen Meisterin Rowena im Ätherreich in Südfrankreich. Der dritte rosa Strahl wird auch der „Strahl der aktiven Intelligenz" genannt und spielt bei jedem Schöpfungsprozess eine wichtige Rolle. Organisation, Management, Menschenführung und unsere Wirtschaft sind dort genauso zu Hause wie Menschlichkeit, Toleranz, persönliche Freiheit und der kreative Umgang mit den Problemen des Lebens. Es ist der Strahl der Herzenswärme und der „gelebten" Liebe, die alle Facetten der Karmas beherrscht und uns zeigt, wie man verzeiht und auch für sich selbst einsteht.

Patrizia Pfister
**Kryon – Meditationen aus der Quelle**
Doppel-CD, Lauflänge ca. 150 Minuten
ISBN 978-3-941363-00-7

Diese Meditationen aus dem Buch „Kryon – Weckruf für die Menschheit, Botschaften aus der Quelle" sind das Ergebnis des Wirkens der Gnade und wurden unter der Schutzherrschaft des silber-schimmernden Strahls aus der Quelle durchgegeben – ein einmaliges Geschenk der Quelle für die Aufstiegszeit. Mit diesen Meditationen für alle Lebenslagen, die man gut in den Alltag mit einbauen kann, liegt ein weiterer Grundstein für das Neue Zeitalter vor. Sie sind mit der Energie eines ganz besonderen Tags zusätzlich geladen, sodass sie ihre größtmögliche Wirkung entfalten können. Kryon gab an diesem Tag ein Eingangs- und Schlusschanneling, die zusätzliche Zugangskodes enthalten.

Kerstin Simoné
**Die Thoth Frequenzweihungen (CD)**
Lauflänge 72 Minuten
ISBN 978-3-938489-89-5

Auf dieser CD befinden sich drei intensive Weihungsübungen in die Bereiche des körperlichen sowie des feinstofflichen Soseins. Die erste Stufe bereitet den Körper auf die Kommunikation mit den Zellen vor und bewirkt unter anderem die Verjüngung jener Bereiche des Körpers. Die zweite Weihung bezieht sich auf das Ankoppeln an den göttlichen Informations- beziehungsweise Leitstrahl der Quellexistenzebene. Die dritte Weihung ist eine Anrufung zum Erreichen der höchsten Frequenz innerhalb des körperlichen Seins. Hierbei wird die Energie der Quelle direkt in das wahrhaftige Selbst geleitet, um hier großartige Veränderung zu bewirken.
Diese Frequenzweihungen sind von tiefem und unermesslichem Wert. Sie bereiten intensiv auf die Erhöhung der Frequenzen auf Erden vor und ermöglichen es, tiefe Heilung innerhalb aller Bereiche des menschlichen Seins zu offenbaren und jegliche Fesseln der Materie zu erlösen.